윤덕현, 보육이 낳은 기적

윤덕현

에코미디어

ⓒ 윤덕현, 2024

이 책의 저작권은 저자에게 있습니다.
저작권에 의해 보호를 받는 저작물이므로
저자와 출판사의 허락 없이 무단 전재와 복제를 금합니다.

윤덕현, 보육이 낳은 기적

✛ 들어가기에 앞서 ✛

도전은 오랜 시간 다양한 표현으로 회자되어 왔다. 누군가는 도전을 용기라고 했다. 어떤 사람은 도전을 진심어린 행동이라 말하기도 하고 혹자는 도전이야말로 소명을 이루는 확실한 방법이라고 말했다. 도전을 둘러싼 사람들의 말과 생각이 어떠한 것이든 도전은 그 자체로 아름답다. 온전히 도전에 몸을 던지기 위해서 우리가 넘어야 할 고비를 떠올리면 도전이 가지는 미(美)를 가벼이 여길 수 없기 때문이다. 마음 속에서 거듭되는 수많은 갈등, 현실적인 문제, 주변의 반응 등을 극복했을 때 우리는 온전히 도전에 도달할 수 있다. 물론 도전 끝에 원했던 결과가 찾아온다면 더할 나위 없다. 하지만 결과가 기대에 미치지 못했더라도 좌절해서는 안 된다. 도전을 시도했다는 것만으로도 큰 전진을 이루었기 때문이다.

돌이켜 보면 인생의 분기점에는 늘 과감한 선택의 순간이 있었고 그것들은 도전으로 연결되었다. 그리고 감사하게도 나의 도전들은 모두 상상 이상의 결과를 가져왔다. 모든 도전이 그렇듯 나의 도전 또한 주변의 만류가 따라오기도 했었다. 그때도 지금도 지인들의 걱정을 이해한다. 그도 그럴 것이 누군가에게는 사서 하는 고생이 분명했고, 또 다른 누군가에게는 고생을 넘어선 부질없는 일로 보였을 테니 말이다. 도전의 길목에서 좌절을 경험하는 것만큼 슬픈 일도 없으니 그들의 염려는 당연한 것이었다. 그래도 나는 늘 도전을 선택했다. 지금도 대단할 것 없는 인생을 기록하고자 하는 도전을 실천하고 있으니, 도전이라는 단어 없이 나의 인생을 설명하기는 어려울 것 같다.

당시에는 몰랐지만 내 인생의 크고 작은 도전은 그저 우연이 아니었다. 진부한 표현이긴 하지만 한눈에 담기 힘든 큰 그림을 그리는 퍼즐조각처럼 도전의 순서의 형태는 완벽했다. 이런 기괴한 모양의 조각으로 특정한 형상을 그려낼 수 있을까 하는 의심이 들 정도로 그 당시에는 모든 것이 엉망으로 또 우발적으로 보였다. 하지만 모든 일의 순서는 완벽했다. 만나서 관계를 맺게 된 사람들의 마음 씀씀이와 능력 또한 시의적절했고, 이런 우연이 가능할까 싶을 정도로 한치의 어긋남이 없었다. 당시에는 이러한 '우연'이 그저 신기하기만 했다. 하지만 지금은 확신을 담아 말할 수 있다. 나의 인생이, 나의 보잘 것 없었던 도전들이 이만큼의 의미를 가지고 상상치도 못한 결과를 낳게 된 것은 모두 하나님의 인도하심 때문이라고 말이다.

삶은 도전의 연속이라는 흔한 표현으로 내 인생의 도전들을 이야기해보고자 한다. 인생이라는 그물을 촘촘하게 엮은 다양한 도전들. 그렇게 만들어진 그물로 얻은 값진 경험과 진리들. 한 때는 나에게 일어난 몇몇의 사건을 불행이라고 치부하고 일어나서는 안 될 일이라고 생각했었다. 이런 시련을 주시는 하나님의 뜻을 의심했던 때도 있었다. 하지만 지금은 하나님의 계획하심으로 그려진 내 인생의 아름다움을 안다. 부끄럽지만 그림의 조각 하나하나를 기록하고자 한다. 어찌 보면 대단할 것 없는 한 사람의 흔한 삶처럼 보일 지도 모르겠다. 그러나 지금은 길다면 길고 짧다면 짧은 지난 날을 제대로 바라볼 수 있게 되었다. 사람의 어리석음으로는 가늠하기 힘든 은혜의 크기와 뜻을 이제는 이해한다. 주님의 종으로 살아온 나에게 주어진 또 다른 임무가 무엇인지도 깨닫게 되었다. 나라는 사람의 인생이 그려온 그림을 많은 이들과 공유하는 것! 이 책은 하나님께서 허락하신 나의 또 다른 도전이다.

2024. 11.
윤덕현 삼가

尹 德 鉉

- 1947년 12월 20일 전남 해남 출생
- 사회복지법인 대덕어린이집 원장 역임(전남 장흥군 소재)
- 전남어린이집연합회장 역임
- 한국어린이집 총연합회 중앙회장(제8대~9대) 역임
- 중앙보육정책위원 및 한국보육진흥원 이사
- 어린이집 안전공제회 이사 역임
- 보건복지부 비영리민간단체 등록 제195호
- 해피아이국제보육봉사단 초대단장 역임(2009. 5.~2017.5.)

국민훈장 석류장 수훈(2019)

보육훈장유공자 정부 포상식

(사)한국보육시설연합회 제9대 회장 이·취임식(2010)

어린이집 안전공제회
설립건의 및 법제화

한국보육진흥원
설립건의 및 법제화

해피아이국제봉사단 창립과 발전과정

창립(2009.5.)   초대단장 윤덕현

재창립(2012.6.)

강원도지회 창립 (2016.9)

제9호 해외어린이집 건립(베트남 빈롱성 편안탄어린이집)
및 윤덕현 초대단장 고희연

제20호 해외어린이집 건립(인도네시아 반둥시 방구부미어린이집)

제23호 해외어린이집 건립(캄보디아 쯔러이로용 강원평화어린이집)

경기도지사 예방 및 경기도의회 방문

윤덕현, 보육이 낳은 기적

+ 차 례 + 윤덕현, 보육이 낳은 기적

● 여는 말 · 4

01 운명의 우연이 그린 나의 인생

전남보육시설연합회 회장이 되어 인생을 다시 배우다 · 28
어린이집총연합회 8대 회장으로 취임하다 · 33
지금까지와는 다른 전국보육인대회의 시대를 열다 · 38
전자 바우처 I(아이) -사랑카드와 어린이집안전공제회의 설립 · 43
보육의 질 향상을 위한 또 다른 시도 · 51
누리과정 도입으로 체계적인 교육 시스템 정비 · 54
한국영유아보육 50년사를 발간하다 · 57
보육유공자훈장의 도입 · 61
보육계 원로회의 재조직하다 · 66
또다른 차원의 인생이라는 무대에 서다 · 70
정부 외면, 보육시설 어디로 가야하나 · 73

02 아이들의 행복을 꿈꾸고 실천하는 해피아이 국제보육봉사단

동남아시아로 향하다 · 80
베트남에서 시작된 첫 행보 · 85
해피아이국제봉사단의 창립 · 89
재창립을 통해 활동 의의를 확인한 해피아이! · 93
정직하게! 그리고 투명하게! · 101
현지 선교사가 운영하는 어린이집 · 104
넓은 세계로 뻗어나가는 해피아이 · 108
인생을 되돌아보게 하는 어린이집 · 113
전문성, 지속성, 투명성을 추구하는 해피아이 · 118
국제보육포럼 개최로 더 높이 더 멀리 뻗어나가다 · 131
체계적이고 지속적인 지원을 시도하는 이유 · 156
경험을 통해 쉼없이 배우고 성장하다 · 162
거친 땅에 희망을 심겠다는 마음으로 · 168
봉사활동은 중독이다 · 172
가까운 이웃과 함께하는 해피아이 · 176
해피아이가 나에게 준 선물 - 국민훈장을 수여받다 · 179
인도네시아 말랑어린이집 준공식을 다녀와서/백학근 · 185

+ 차 례 +   윤덕현, 보육이 낳은 기적

기행문
소중한 사람들과 함께한 행복했던 여행, 캄보디아 · 188
캄보디아 여행을 다녀와서/김은우 · 193
윤덕현 회장님과의 인연/문순정 · 196

03 운명의 우연이 그린 나의 인생

말씀 안에서 자라다 · 202
철공소의 어린 소년 · 205
독립의 꿈을 현실로! · 213
교회를 개척하다 · 218
유아원과의 운명적인 만남 · 225
새마을유아원에서 어린이집으로 · 229
도전과 실패로 깨달은 운명적인 만남 · 233
장흥군 첫 번째 사회복지법인 어린이집 · 237
가족과 함께 해 온 인생이라는 모험 · 240
믿음의 유산이 내린 굳건한 뿌리 · 243

04 축사

임동진 _ 해피아이 국제보육봉사단 단장 · 254

김영옥 _ 어린이집안전공제회 이사장 · 256

유장희 _ 전국법인분과 회장 · 261

고순애 _ 해피아이 부단장, 서울시 영아전담 연합회 회장 · 264

이명숙 _ 좋은나무어린이집 원장 · 267

이근철 _ 해피아이국제보육봉사단 후원회장 · 270

백연순 _ 해피아이국제보육봉사단 이사 · 274

윤미숙 _ 해피아이국제보육봉사단 現 부단장 · 277

강원미 _ 해피아이국제보육봉사단 경기도지부장 · 280

박희정 _ 대덕읍교회 장로 · 286

최일중 _ 장강신문 논설위원장 · 290

최현옥 _ 해피아이국제보육봉사단 감사 · 293

● 마치며 - 누군가의 나침반이 되기를 · 299

"보육의
　　새로운 희망을
　이야기하다"

윤덕현, 보육이 낳은 기적

윤덕현, 보육이 낳은 기적

PART + 01

더 넓은 보육 현장으로

전남보육시설연합회 회장이 되어
인생을 다시 배우다

　어린이집과 인연을 맺은 후 흐른 20여 년의 시간은 참으로 다사다난했다. 평탄한 길만 걷는 인생이 어디 있겠느냐만은 돌이켜 보면 참으로 굴곡 많은 시간이었다.
　한 분야에서 20년 이상의 시간을 보낸다는 것은 경험의 축적을 의미하기도 한다. 내가 처음 보육계에 몸을 담게 된 계기를 생각하면 이 경험의 축적이 가지는 의미는 남다르다. '어린이집을 통해서 뜻있는 일을 해보자!'하는 마음으로 시작한 것이 아니었기에 더욱 그렇다. 우연치 않게 교회를 개척하게 되었고, 1982년부터 정부 시책으로 시작된 「새마을유아원」을 해보지 않겠느냐는 군 관계자의 제안에 보육계와 함께하게 되었다. 많은 이들이 말하듯 나 또한 원대한 계획을 가지고 인생의 큰 그림을 그리거나 하지 않았다. 아니, 할 수도 없었다. 그저 마주한 상황에 맞춰 선택을 하고 열심을 다했을 뿐이었다. 당시의 선택이 상상하지도 못한 아름다운 그림을 그려왔다는 것을 알게 된 건 수십 년이 흐른 뒤의 일이었다.

보육이라는 현장에서 긴 시간을 보낼 거라고는 생각지도 못했지만, 운명은 날 이곳으로 이끌었다. 그리고 많은 사람을 만나고 여러 일을 겪으며 나의 삶에는 「보육」이라는 단어가 깊이 새겨졌다. 한겹 한겹 쌓아 올린 경험은 다채로워졌고 또 단단해졌다. 이것들이 바탕이 되어 어느덧 나는 전남보육시설연합회 부회장을 거쳐 회장이라는 자리에 이르게 되었다.

지나온 발걸음 중에서 가장 아쉽고 한이 되는 일은 유종의 미를 거두지 못한 전남보육시설연합회 회장직이었다. 당시는 별 문제가 없는 한 부회장이 자연스레 회장 자리를 물려받게 되어 있었다. 게다가 내가 회장이 되었을 당시에는 전남 사회가 어수선할 때였다. 전남도청의 이전이 본격화되면서 행정 부처를 둘러싼 미묘한 분위기가 계속되었고 관련 부처와 호의적인 관계를 유지하는 것이 회장의 중요한 업무라는 안팎의 조언을 따라 나는 오직 공무원들과의 단단한 관계 형성에 최선을 다했다. 괜한 문제가 발생하지 않도록 하는 것이 회장이 된 나의 역할이라 믿었기 때문이었다.

그때 당시는 지금과 여러모로 다른 시대였다. 어린이집과 관련된 여러 지원 사업을 담당하는 공무원과의 특별한 관계를 맺는 것은 지금과 다를 바 없었지만 그 방식이 현재와 많이 달랐다. 나 또한 시대의 상식에 따라 담당 공무원에게 세심한 편의를 제공하며 돈독한 관계를 유지하기 위해 애썼다. 예를 들어 연합회에서 해외 연수을 가게 되었다고 하면 담당 주무과장이나 주무관에게 동행을 제안하기도 하는데 이런 경우 경비 부담은 온전히 우리 몫이었다. 교통비나 숙박비 같은 기본적인 경비 외에도 여행 경비를 따로 챙겨줘야 할 때도 있었다. 지금이야 있을 수 없는 일이지만 당시에는 당연히 여겨지던 관행이었고 회장이 된 나도 암묵의 규칙을 따라 관계 부처의 일부 공무원들 안주머니에 지폐 몇 장을 넣어주곤 했다.

모두가 지금까지 해 온 일이기에 나도 해야 한다는 안일함. 이것은 나의 발목을 붙잡았고 나를 바닥까지 끌어내렸다. 사실 기독교인이라면 그래서는 안 됐다. 하지만 나는 의심없이 세상과 타협했고 올바르지 않다는 것을 머리로는 이해했지만 이를 거부하겠다는 행동으로 연결시키지 못했다. 믿음도 신념도 없이 과거의 전철을 밟아온 나에게 하나님은 큰 가르침을 주셨다. 나의 존재를 달갑게 여기지 않았던 몇몇 인물들이 지금까지 별 문제가 되지 않았던 관행을 문제삼은 것이다. 으레 그래왔던 일, 올바른 방법은 아니지만 세상이 그렇게 돌아가니 묵인할 수 밖에 없었던 일, 알지만 모른 척 눈 감았던 관행은 누군가의 폭로를 계기로 그렇게 수면 위로 떠올랐다. 그리고 모든 비난과 화살은 당시 회장이었던 나에게 쏟아졌다. 그때의 정신적인 스트레스는 이루 말할 수 없었다. 나의 결백을 증명하자고 관련된 인물을 엮어가며 관행을 하나하나 따질 수도 없었고 혹여 그런 일이 가능하다고 해도 내 얼굴에 침 뱉는 것과 다를 바 없는 짓이었다.

무엇보다도 나를 괴롭혔던 것은 기독교인으로서 휘말려서는 안 될 일의 한 가운데에 서 있다는 사실이었다. 어느 것 하나 나의 의지와 선택에 의한 것이 아니었음에도 내가 짊어져야 할 사회적 책임은 명백했다. 그때 당시 내가 할 수 있는 일은 문제가 더 커지지 않도록 내 선에서 마무리짓는 것 뿐이었다.

그렇게 나는 회장직에서 물러났다. 전남연합회 회장으로 취임한지 10여 년이 지난 후의 일이었다. 당시 이러한 나의 선택을 두고도 뒷말이 많았다. 사람들의 말과 추측은 없는 일도 만들어 냈다. 수많은 억측이 돌고 돌아 내 귀에 들어온 일도 여러 번이었다. 속상하지 않았다면 거짓말이지만 억울하지는 않았다. 조금 더 세심하게 살피지 못한 나의 잘못도 있었으니 사태의 책임을 오롯이 타인에게 전가하며 나를 위로하는 것은 올바르지 않다고 생각했다. 다만 이런 일을 경험하며 느낀 점 하나는 보이는 것이 전부가 아니라는 사실이었다.

살면서 접하는 이런저런 소문들, 신문이나 방송을 통해 전해지는 여러 사연들 또한 각자의 사연을 가지고 있으리라. 그 속을 다 알 도리는 없겠지만 그렇다고 드러나는 것만을 가지고 속단해서는 안 된다. 때로는 억울하고 아픈 중에 사람이 할 수 있는 일은 시간이 흐르면 희미해질 것이라 믿고 견디는 것 외에는 달리 방도가 없으니 묵묵히 참고 버텨야 한다. 나 또한 어지러운 마음을 시간의 흐름에 맡기었다.

어린이집총연합회 8대 회장으로 취임하다

　전남보육시설연합회 회장직을 내려놓고 마음이 추슬러질 정도 시간이 지났을 때였다. 우연히 전국어린이집총연합회 부회장을 할 기회가 찾아왔다. 보육 분야를 위해 헌신할 수 있는 또 다른 문이 열린 것이다.
　당시 연합회 내부는 거듭된 갈등으로 어지러운 정황이었다. 그래서 일을 잘할 사람보다는 분열된 연합회를 하나로 만들어 줄 인물이 절실하다는 의견이 힘을 얻고 있었다. 부회장 후보로 나의 이름이 거론되었을 때 일부 회원들은 나를 부회장이 아닌 회장 후보로 추대하고 싶다는 뜻을 전달해 왔다. 갑작스러운 제안에 당황이라는 감정이 앞섰다. 그럴 수밖에 없는 것이 나에게는 불미스러운 일로 회장직을 내려놓은 경력이 있지 않은가.
　예상치 못한 큰 기회가 찾아왔음에도 나는 선뜻 손을 내밀지 못했다. 하지만 나에게서 가능성을 본 이들은 쉽게 포기하지 않았다. 끈기있게 연락을 시도했고 결국 나는 그들을 직접 만나 전남 연합회 시절의 과거를 털어 놓아야겠다고 결심했다. 나의 이야기를 들으면 이 부담스러운 제안을 거둘 것이라 생각했던 것이다. 하지만 나의 예상과 다른 방향으로 상황은 흘러갔다. 온전히 책임을 지고 미련없이 물러난 나의 결단력과 행동력을 높이 산 것이다. 나 또한 내 인생의 오점에서 연합회를 하나로 만들 실마리를 얻은 그분들의 통찰력과 추진력이 함께해 준다면 단합된 연합회를 만들고 싶다는 소망에 조금이나마 보탬이 될 것 같았다. 결국 나는 전국어린이집총연합회를 바꾸겠다는 몇몇 분들의 뜻을 받아들이기로 했다. 그렇게 회장 선거에 도전하게 되었다.

전국어린이집총연합회 회장 선거를 위해서는 입후보를 위한 서류를 등록해야 했다. 원장 자격증, 원장 경력증명서, 공약사항 등의 서류 준비는 문제없었다. 나를 곤란하게 한 건 이력서였다. 지금까지의 학업, 직업, 경험 등을 쓰는 일이 뭐 그리 힘든 일이냐고 반문하는 사람이 있을지도 모르겠다. 누군가에게는 그저 쉬운 그 일이 나에게는 꽤나 골치 아픈 일이었다. 특히 학력 정보에 관해서는 남들보다 쓸 내용이 없다는 게 문제였다. 전국어린이집총연합회 회장이 되겠다고 나선 사람이 초등학교를 끝으로 학업을 이어오지 않았다는 사실을 사람들은 어떻게 이해할까. 가능하다면 절대 밝히고 싶지 않은 인생의 한 부분이 학력에 관한 것이기도 했다. 감추고 싶은 치부 중 하나였지만 그렇다고 거짓된 내용을 쓰고 싶지도 않았다. 부끄럽지 않다면 거짓말이지만 그렇다고 없는 일을 꾸며내는 것은 더 부끄러운 일이 될 게 뻔했다. 있는 그대로의 나를 보여주는 일이 최선이라 판단한 나는 '초등학교 졸업'이라 쓴 문장 아래에 두 글자를 더 넣었다.

「독학」

교육기관에서 체계적인 교육 과정을 밟은 적이 없음에도 특정 분야에 대해 나름의 지식과 소양을 갖추고 경험을 쌓아왔다는 사실을 표현할 단어는 「독학」뿐이라 생각했다. 그래서 나는 「독학」이라는 두 글자를 이력서에 써 넣었다. 무엇보다도 거짓이 아니었기에 주저함이 없었다. 이만큼 사실을 그대로 표현할 단어도 없다고 생각했다.

이력서까지 작성하고 나니 남은 일은 기탁금을 납부하는 일 뿐이었다. 후보 등록 기탁금을 납부하려 할 때 나는 잠시 갈등에 빠졌다. 몇 백만원이나 하는 기탁금이 그저 나의 욕망을 위한 쓸데없는 소비가 아닌가 하는 생각이 들어서였다. 이 돈을 헌금하면 분명히 더 의미있게 쓰일 터였다. 당선될지도 모르는 불확실한 상황에 투자하느니 하나님의 일에 쓰는 것이 현명한 선택같아 보였다.

하지만 「독학」이라는 두 글자로 인생의 일부분을 표현해야

하는 나에게 회장 선거에 출마의 기회가 주어진 것 또한 하나님의 뜻이 아닐까. 오랜 기간 어린이집을 운영했고 전남회장을 역임한 경력이 있다고 하지만 전국의 어린이집을 대표하는 회장이 되는 일은 또 다른 차원의 일이다. 괜한 자격지심으로 주어진 기회를 외면하지 않고 과감히 도전해 보기로 했다.

난관과 고민에 의연히 대처하며 치른 첫 선거에서 나는 당선이라는 결과를 거머쥐게 되었다. 나를 믿어준 이들의 응원과 지지가 없었다면 불가능했을 결과였다. 보이는 곳에서, 보이지 않는 곳에서 물심양면으로 나를 위해 움직인 이들의 노력도 있었지만 솔직히 말하면 하나님의 뜻함이 없었다면 시작점에 서지도 못했을 일이었다.

2008년 4월 24일, 나는 8대 어린이집총연합회 회장으로 취임했다. 하나님께서 허락하신 두 번째 기회라 생각하니 사소한 것조차 쉽게 여길 수 없게 되었다. 무엇보다도 예전과 같은 실수를 저질러서는 안 되겠다는 생각이 들었다.

"전남 회장으로 재임하던 시절, 경비 사용과 관련해 오해가 있었어요. 재판까지 간 사안으로 혐의가 없다는 게 입증되었지만 그 사건 때문에 회장직을 내려 놓아야 했지요. 내 잘못은 아니지만 회장이라는 자리에는 책임도 뒤따르는 법 아니겠습니까. 제가 조금 더 건설적인 부분에서 책임을 질 수 있도록 처장님이 좀 도와 주세요."

  당선이 결정된 후에 곧바로 연합회 처장에게 지난 날의 실수를 솔직하게 이야기했다. 그리고 같은 실수를 반복하지 않도록 나를 도와달라고 부탁했다. 믿을 수 있는 이에게 감추고 싶었던 과거를 언급하며 도움을 요청해 재임 기간 내내 법인카드 사용을 철저히 관리했다. 오점이라 여겼던 과거의 실수는 또 다른 기회를 잡았을 때 나를 바른 길로 인도한 것이다.

지금까지와는 다른 전국보육인대회의 시대를 열다

　1992년 3월 (사)한국보육시설연합회가 창립, 7년 후인 1999년 9월 처음으로 전국보육인대회가 개최되었다. 이후 매년 개최된 전국보육인대회는 대한민국 보육인들이 한 자리에 모이는 귀한 기회가 되어 왔다. 오랜 기간 보육 현장에 몸담아 온 나에게도 전국보육인대회는 참으로 소중한 추억이다. 1년에 한 번 같은 분야에 종사하는 3천여 명의 사람이 모여 대화와 교류를 나누는 현장의 열기는 이루 말할 수 없다. 보육과 관련한 다양한 정보가 활기차게 오고가는 한 가운데 서 있으면 내가 몸담고 있는 보육이라는 분야의 힘을 새삼 깨닫게 된다. 이토록 열정을 가진 이들이 전국에서 활동하고 있는 덕분에 대한민국 교육의 기초를 다질 수 있다는 것을 피부로 느낀다.

　수차례에 걸쳐 전국보육인대회를 참여해 온 나는 보육인들이 내뿜는 열의에 늘 큰 도움을 받았다. 많은 이들이 나와 비숫한 고민을 하고 같은 목표를 가지고 있다는 것을 확인했을 때의 안도감은 경험한 사람만이 알 수 있다. 보육인대회를 통해 충족되는 안정감과 안도감을 느낄 때마다 이런 기회가 주어지는 현실에 늘 감사했다. 하지만 시간을 거듭할 수록 감사와 함께 무언가 부족하다는 느낌을 지울 수 없었다.

8대 회장으로 취임한 후 실로 다양한 안건에서 변화를 꾀했다. 전국보육인대회도 그 중 하나였다. 전국보육인대회와 관련해 끊임없이 나를 괴롭혔던 느낌은 바로 우리 보육인이 주인공이 아니라는 사실이었다. 과거의 전국보육인대회의 실정을 떠올려 보면 3천여 명의 보육인을 위한 행사가 아니라는 것을 쉽게 알 수 있다. 장소부터가 그랬다. 인원이 많다는 이유로 전국보육인대회는 장충체육관에서 개최되기 일쑤였다. 앉을 자리가 미리 마련되지 않은 공간에서 행사를 한다는 것은 해야 할 일이 많다는 것을 뜻한다. 대규모의 인원이 참석하는 행사이다 보니 이러한 애로 사항이 벌어질 수도 있다. 어찌 보면 작은 불편함이고 뜻깊은 자리를 위해서라면 충분히 감수할 만한 하다.

하지만 주객이 전도되는 상황은 날 늘 불편하게 만들었다. 전국보육인대회에서 울리는 박수 소리와 함성은 온전히 주인공인 보육인에게 향해야 하지만 실상은 그렇지 않았다. 우리의 모임을 축하해 주겠다고 오는 정부 고위급 공무원 혹은 국회의원들에게 스포트라이트와 박수가 쏟아졌다. 그들에게 향하는 모든 것들은 보육 현장을 지키고 견인하는 이들에게 가야 마땅함에도 이러한 현실은 당연하다는 듯 오랫동안 지속되어 왔다. 이와 같은 상황을 마주할 때마다 내 안에서는 말로는 딱 꼬집어 설명할 수 없는 불편함이 꿈틀거렸다. 내가 제8대 회장으로 취임한 후 나는 이 불편함과 정면으로 마주하기로 했다.

"체육관 같은 곳에서 해왔던 전국보육인대회를 좀 바꿔 봅시다. 전국 보육인들이 모처럼 모이는 기회이자 자리인데 우리를 위한 시간이 되어야지 않겠습니까. 늘 서울에서, 체육관에서 모이는 판에 박힌 듯한 행사는 이제 그만 하고 우리 보육인들이 진정 즐길 수 있는 그런 행사로 만들어 봅시다!"

   과감해진 김에 더 과감해지기로 했다. 제주도를 다음 대회 장소로 제안한 것이다. 처음에는 거리가 있는 제주도에서 보육인대회를 열자고 한 아이디어에 다들 조금 놀란 눈치였다. 그도 그럴 것이 지금까지 늘 서울에서 개최되었기 때문이다. 하지만 보육인대회의 본질인 보육인의 단합과 연합을 위해서, 그리고 모두가 즐길 수 있는 행사가 되기 위해서라도 색다른 시도는 절실했다. 다들 목소리를 크게 내지 않았지만 1년에 한 번 뿐인 전국보육인대회가 변화하길 바랐다. 그렇게 나의 색다른 제안은 현실이 되었다.

2009년 11월, 전국의 보육인들은 제주도로 모여들었다. 협회에서 일정 부분의 경비를 지원하였고 그렇게 18일-19일 이틀 간에 걸쳐 보육인이 중심이 되는 행사를 기획했다. 「잘 낳고 잘 기르는 보육, 대한민국의 미래」를 주제로 한 「2009 전국보육인대회」는 제주도의 푸른 바다를 배경으로 보육인들에게 알찬 시간이 될 수 있도록 다양한 프로그램을 준비했다.

먼저 제주도라는 장소의 특성을 최대한 반영했다. '제주삼다공동육아운동'을 소개한 것은 물론 제주 올레 8코스 탐방도 넣어 회원들이 제주도를 한껏 느낄 수 있는 기회를 만들었다. 모처럼 마련한 제주도에서의 시간이 기억에 남길 바라는 마음에서였다. 이 외에도 보육 유공자 및 우수 프로그램 시상식과 아이 낳기 좋은 세상 결의문 낭독 등을 통해 전국보육인대회의 순수한 의도를 살리고자 노력했다. 또 예전에 없던 축하 무대 순서도 넣어 보육 관계자들이 진정으로 즐길 수 있는 기회를 마련했다. 첫 번째 날인 18일은 이렇듯 다채로운 시간들로 꾸며졌다.

19일인 두 번째 날에는 각 분과별로 회의를 진행했다. 현장의 고민을 나누고 실질적인 대안을 함께 생각하는 시간을 마련한 것이다. 뿐만 아니라 회원들간의 친목을 다질 수 있도록 제주도의 주요 관광지를 함께 둘러보기도 했다. 전국 보육관계자 3천여 명이 모인 대회는 늘 어마어마한 규모를 자랑했고 보건복지부 장관을 비롯한 각 정당 대표도 예년처럼 우리의 단합을 축하해 주었다. 뿐만 아니라 제주도에서도 우리들을 위해 제주 특산품 판매 코너를 별도로 설치해 제주도를 만끽하는 기회를 제공했다. 제주도에서 이틀에 걸쳐 열린 「2009 전국보육인대회」는 긴밀한 정보 교환의 장이자 친목을 다지는 귀한 시간들로 채워졌다.

다음해인 「2010 전국보육인대회」는 울산광역시 KBS홀에서, 2011년 10월 6일~7일에는 강원도에서 단합과 화합의 계기를 만들었다. 전국보육인대회를 운영할 때 주인공은 다른 누구도 아닌 전국 보육 관계자라는 사실을 늘 염두해 두었다. 보육인대회의 본질을 잊지 않겠다는 당시 연합회의 생각과 실천은 지금도 이어져오고 있다. 변화를 도모하는 것은 결코 쉬운 일이 아니다. 하지만 변화가 필요한 부분이 있다면 과감해져야 한다. 지금까지와는 다른 보육인대회를 기획해 보겠다는 생각은 모든 변화가 그렇듯 처음에는 쉽게 받아들여지지 않았다. 하지만 지금은 우리가 주인공이라는 보육인대회의 목적이 당연한 일이 되었다. 그 시작이 힘들었기에 현재의 결과가 더욱 값진 것 아닐까. 보육인대회의 소식을 접할 때마다 과거의 그때를 떠올리며 진정한 보육인대회를 위해 함께 노력해준 이들에게 감사를 보낸다.

전자 바우처 I(아이)
-사랑카드와 어린이집안전공제회의 설립

　세상의 점진적인 변화를 막을 수 있는 사람은 없다. 거대한 사회적 흐름을 누가 거스를 수 있겠는가. 세상을 바라보는 사람들의 생각과 시선은 늘 점진적으로 바뀐다. 현장과 가까운 거리에 있으면 이러한 변화를 피부로 느낄 수 있다. 변화를 반갑게 맞이하지 않는 이들도 있다. 하지만 세상이 그렇게 흘러가는 걸 무슨 수로 막겠다는 말인가. 흐름에 발맞춰 가는 것이 가장 현명한 선택이다. 뒤늦게 움직이는 것보다 민감하게 반응하는 편이 차라리 낫지 않겠는가. 지금도 나는 이렇게 생각한다.

　변화를 두려워하지 않는 것, 해야 할 일은 앞서서 과감해지는 것! 내가 지켜온 철칙 중 하나다. 그렇기에 현장에서 필요로 하는 것들에 재빨리 대응하고자 애썼다. 「i-사랑카드」도입도 그 중 하나다.

　당시 이명박 정부가 내세운 공약 중 하나가 전자바우처의 도입이었다. 기존의 보육지원정책은 어린이집을 통해 현금으로 지급하는 형식이었다. 이러한 방식은 실질적인 정책 혜택자가 지원을 받고 있다고 체감하기 어려운 측면을 지니고 있었다. 보육지원정책과 관련된 여론 조사에서도 보육 지원 정책의 실시를 피부로 느끼기 어렵다는 부모들의 생각이 여실히 반영되어 이명박 정부는 카드 형식의 전자바우처 도입을 추진하기로 했다. 부모들이 전자바우처를 이용해 어린이집 비용을 직접 결제하게 된다면 정부가 펼치는 지원 산업을 체감할 수 있게 된다. 수요자 중심의 보육 정책이라고 표현되는 이유도 여기 있다. 사실 어린이집을 통한 지원 정책에 투명성이 보장되지 않는다 지적도 오랜 기간 반복되어 왔는데 전자바우처 도입은 이러한 염려도 불식시킬 수 있다.

　위와 같은 이점이 있다면 정부 입장에서 도입을 서두르는 것도 당연하다. 하지만 전국의 어린이집은 전자바우처 도입을 마냥 환영할 수 없는 입장이었다. 카드 형태 바우처를 지니게 된다면 부모들은 어린이집을 좀 더 자유롭게 선택할 수 있게 된다. 우리나라의 어린이집 대부분은 민간에 의해 운영되는데 수요자에게 선택권이 주어진다면 영리 경쟁으로 치닫을 수밖에 없게 된다. 일부 전문가들은 민간 어린이집이 압

도적으로 상황에서 수요자인 부모에게 직접 지원하는 형태를 채택하게 된다면 경쟁이 심화될 우려가 있다며 도입에 신중을 기해야 한다고 주장했다. 전국의 어린이집 또한 이런 부분을 염려해 전자바우처 도입에 줄곧 반대의 입장을 표명해 왔다.

전자바우처 도입으로 안팎이 시끄러운 그때, 전자바우처를 담당하는 이태한 국장을 만나게 된 일이 있었다. 회장인 나에 대해 나름의 조사를 하고 온 이태한 국장은 나와 얼굴을 마주한지 얼마 지나지 않았을 때 질문 하나를 던졌다.

"회장님! 회장님의 선거 공약을 보게 되었는데요. 거기에 안전공제회를 만들겠다고 해 놓으셨더라고요. 제가 궁금해서 여쭙습니다. 왜 안전공제회인가요? 그게 필요한 이유가 뭔지 잘 모르겠습니다."

어린이집은 유치원과 여러 면에서 다르다. 등원하는 아이들의 연령대의 폭이 넓고 일요일과 공휴일을 제외한 연중무휴로 운영된다. 유치원처럼 정해진 방학 기간을 갖지도 않는다. 다시 말하면 0세부터 취학 전의 영유아가 꽤 오랜 시간을 어린이집에서 보낸다는 뜻이다. 다양한 연령대의 영유아들이 오랜 시간을 한 공간에 있다는 사실은 다르게 말하면 여러 일이 동시다발적으로 일어날 수 있다는 것을 뜻한다. 물론 안전사고예방이 선행되어야 하지만 영유아들의 작은 행동이 뜻하지 않는 사고로 이어지는 것을 100% 예방할 수는 없다. 무엇보다 여러 측면에서 취약한 영유아들이 있는 곳이다 보니 예상치 못한 상황에도 유연하게 대처할 수 있어야 한다. 자칫 안전사고로 이어질 수 있는 요소가 많다 보니 이러한 상황을 위한 제도적 장치는 또한 필수다.

영유아를 위해 그리고 보육 교직원들의 복리 증진을 위해서라도 제도적 장치 마련은 시급한 과제였다. 사고로 인해 피해를 입은 영유아와 보육 관계자를 위한 「어린이집안전공제회」는 반드시 필요한 것이었고 나는 이를 회장 임기 기간 중에 달성하겠다고 결심해 왔다. 이태한 국장에게 나의 결심을 피력했다.

"어린이집에 사고가 났을 때 이를 수습하고 해결할 기관이 없어 결국 모든 책임은 원장이 떠안게 됩니다. 사건사고 하나로 파산으로 이어지는 경우가 허다해요. 나라에 꼭 필요한 일을 하는 이들이 잘못했다고 파산하는 건 아니지 않습니까. 사람이 어쩔 수 없는 일이 발생할 때마다 어린이집이 파산한다면 누가 어린이집을 운영하겠어요. 이러한 부분을 보완할 제도적 장치는 반드시 마련되어야 합니다!"

나의 말을 듣던 이태한 국장은 짧은 생각의 시간을 갖고 곧바로 말을 이었다.

　"회장님! 어린이집안전공제회 설립, 저희가 돕겠습니다. 대신 저희를 좀 도와 주세요. 전자바우처 도입, 찬성해 주시면 안 되겠습니까. 시대의 흐름을 거스를 순 없습니다. 일상생활에서 카드가 보급된 지 오래인데 복지 정책에서도 이러한 추세를 반영해야지요. 게다가 대통령의 공약 중 하나였어요. 언젠가는 추진될 일입니다. 전자바우처 도입이 잡음 없이 진행될 수 있도록 도와주신다면 저희도 안전공제회 설립에 발 벗고 나서겠습니다."

　2008년 5월,「어린이집안전공제회」설립추진회 창립총회를 가졌다. 한 자리에 모인 추진회는「어린이집안전공제회」의 필요성에 동의했고 같은 12월,「영유아보호법」개정으로 공제회의 설립 근거가 마련되어「어린이집안전공제회」의 초석이 갖추어졌다. 그리고 2009년 7월,「영유아보호법 제31조 2(어린이집 안전공제사업 등)」이 시행되었고 2010년 1월 어린이집 안전공제사업이 본격적으로 실시되었다. 설립추진회 창립총회를 연지 1년 8개월만의 결과였다.

　짧은 몇 줄의 문장으로「어린이집안전공제회」의 설립 과정을 서술했지만 흐름을 하나하나 살펴보면 어느 것 하나 쉬운 것이 없었다. 반드시 넘어야 했던 법률 개정이라는 산은 생각보다 높았다. 목표에 도달하기까지 작은 산봉우리를 넘고 또 넘었다. 관련 부처에 우리의 입장과 생각을 수차례 전달해야 했다. 보건복지부 상임위원회에서 「어린이집안전공제회」를 안건으로 찬반론이 오고갔을 때는 조마조마하기까지 했다. 당시 집권당이었던 한나라당(現 국민의힘)에서는 사보험을 이용하면 되지 않겠느냐며 「어린이집안전공제회」의 필요성을 부정했었다. 하지만 현장에서 사보험의 한계는 드러난 지 오래였고 실제 보육 관계자들 사이에서 사보험으로 인해 구제된 사례는 굉장히 드물었다. 무엇보다도 영유아의 안전과 밀접하게 연관되는 안건이 기업의 이윤과 직결되는 구조만큼은 개선해야 했다. 영유아와 보육인의 생명과 안전을 최우선으로 하기 위해서라도 안전공제회는 반드시 달성해야 하는 목표였다. 타협이 불가능한 이 목표를 위해 나는 전자 바우처의 도입을 받아들이는 방향으로 협회를 설득한 것이다.

때로는 우리가 예상했던 정상이 너무나도 멀리 위치해 있다는 것을 깨달아 힘이 빠질 때도 있었다. 하지만 언젠가 누군가가 해야 할 일이라면 "나중에, 다음에"라는 한 마디로 미룰 수 없는 것 아니겠는가. 「어린이집안전공제회」는 어린이집을 중심으로 연결된 이들의 안전사고 예방을 위해서는 반드시 필요한 제도였다. 해야겠다 마음 먹었을 때 실천으로 옮기는 것이 정답이라 생각하며 인생을 살아온 나에게 "나중에, 다음에"라는 선택지는 없었다. 안전과 긴밀히 연관된 설립추진회 또한 나와 같은 생각이었다.

그래서 지나간 과정을 버티고 받아들여야 할 것은 받아들이며 내 줄 것은 내 주었다. 그 누구도 예측할 수 없는 사고에 철저히 대비하기 위해서라도 꼭 필요한 「어린이집안전공제회」는 이렇듯 뜻을 가진 이들의 군건한 다짐과 노력으로 이루어낸 결과다.

보건복지부 특수법인 제14호 「어린이집안전공제회」는 영유아 생명·신체피해와 보육교직원상해, 화재 등에 대해 보상과 예방사업을 주요 업무로 삼고 있다. 특히 보육 현장에서 지속적인 대책 마련을 요구해 왔던 영아돌연사증후군과 같은 불의의 사고로 발생하는 어린이집-부모 간의 분쟁 해소와 피해 구제에 대처할 수 있게 되었다는 점에서 「어린이집안전공제회」의 설립은 큰 의의를 가진다 하겠다. 보상 및 분쟁사안 조정, 안전사고 예방 교육 사업 외에도 영유아와 보육교직원을 위한 복리후생 사업 등을 통해 보육 현장을 지탱하는 기둥으로 그 역할을 다하고 있다.

공제회 설립 조건으로 받아들인 전자바우처 「i-사랑카드」는 2009년에 보육 현장에 도입되었다. 결론부터 말하자면 부모들은 혜택을 제대로 누린다는 만족감을 얻게 되었고, 어린 이집은 지원 정책을 위한 행정 업무에서 벗어나는 이점을 가질 수 있게 되었다. 이런 부분에서 「i-사랑카드」 도입은 안팎에서 높은 평가를 받았다. 전문가들이 지적했던 경쟁 과열에 대한 염려가 완벽히 사라진 것은 아니지만 다양한 장점을 지닌 제도의 도입은 장기적으로 보았을 때 어린이집과 보육 분야에 바람직한 결과를 가져올 것이 분명하다. 기실 「i-사랑카드」가 쌓아올린 탑은 또 다른 모습으로 보육 현장을 지탱하고 있다. 결국 변화와 도전이 세상을 이끌어간다는 진실을 떠올리면 「i-사랑카드」라는 도전을 통해 보육 현장도 한뼘 성장했으리라 믿는다.

  이러한 도전과 변화가 축적될 때 비로소 올바른 방향으로 나아갈 원동력도 얻게 되는 것 아니겠는가.

보육의 질 향상을 위한 또 다른 시도

「어린이집안전공제회」의 설립과 함께 보육 서비스의 기반을 튼튼히 하기 위해서는 흩어진 서비스와 제도를 하나로 묶는 중심축이 필요했다. 단일 기관이 책임을 지고 관리하게 된다면 보육 분야는 더욱 체계적인 면모를 갖추게 될 터였다.

이러한 구상은 나 혼자 생각해낸 것이 아니었다. 이미 많은 보육 전문가들이 이 부분에 대해 꾸준히 의견을 개진해 왔었다. 연합회 내에서도 단일 기관의 설립을 위한 잔잔한 움직임이 있었다. 꼭 필요한 일이라는 사실에는 의심의 여지가 없는 일이었다. 회장으로 취임한 후 1년 반 정도가 지난 2009년 11월, 한국보육진흥원 창립 발기인 총회를 개최했고 3개월 후인 2010년 2월 한국보육진흥원이 본격적으로 그 역할을 시작하게 되었다.

한국보육진흥원은 보육 현장의 환경 개선과 서비스 질의 향상을 목표로 한다. 이 궁극적인 목표 달성을 위해 개별적으로 추진되었던 어린이집 평가인증사업과 보육교직원 자격증 교부사업을 진흥원에서 일괄 담당하게 되었다. 위 두 사업은 보육의 질 향상과 직결되는 것으로 이는 서비스를 이용하는 영유아와 부모 뿐만이 아니라 보육 교사와 교직원에게도 만족스러운 근무 환경을 제공하는 성격을 띤다. 따라서 한국보육진흥원은 영유아와 부모, 그리고 보육인의 행복을 위한 가치 실현을 위해 어린이집 평가인증사업과 보육교직원 자격증 교부사업을 시작으로 다양한 사업을 담당하는 보육 분야의 대표 기관이 되었다. 어린이집 평가 기준은 전국의 어린이집이 일정 수준 이상의 교육 프로그램과 운영 체계를 갖추도록 했다. 또한 자격증 교부 사업은 어린이집 원장과 보육 교사들의 자격 기준을 확립해 보육 서비스의 질을 확보했다. 더불어 이러한 노력들이 지속되고 향상될 수 있도록 하는 여러 사업도 전개하고 있다. 첫 번째는 보육 분야 전반을 아우르는 교육 사업이다. 한국보육진흥원에서는 보육교직원 역량 강화를 위해 표준보육과정을 수립하여 맞춤형 교육을 실시하고 있는 것은 물론 온라인 교육 서비스를 통해 보육교직원 연수를 시작으로 시간제보육, 다문화보육, 장애아통합보육 과정을 통해 전문적인 보육 교육을 실시하고 있다.

정확한 정보를 제공하는 것도 한국보육진흥원의 역할 중 하나다. 영유아와 부모, 그리고 어린이집에게 보육과 관련된 다양하고 정확한 정보와 서비스를 지원하기 위한 육아종합

지원센터는 전국 지방자치단체가 설치, 운영하는 육아지원기관이다. 중앙육아종합지원센터는 전국의 육아종합지원센터 운영 활성화를 위해 업무를 지원하고 정기적인 평가 수행을 통해 국가의 보육 정책이 시행될 수 있도록 돕고 있는데 한국보육진흥원은 이러한 중앙육아종합지원센터 운영도 담당하고 있다.

이렇듯 한국보육진흥원은 대한민국 보육분야의 수준 향상과 환경 개선을 선도하는 중심축 역할을 해내고 있다. 처음 보육 분야에 발을 들였을 때의 상황과 지금을 비교하면 참으로 많은 부분에서 발전을 이루어 왔다는 사실을 실감하곤 한다. 운 좋게도 발전의 길목에서 나와 같은 뜻을 가진 이들을 만나 다음 단계로 도약하는 보육 분야에 공헌할 수 있었다. 대한민국 보육계를 견인하는 한국보육진흥원이 그려나갈 앞날이 기대가 된다.

누리과정 도입으로 체계적인 교육 시스템 정비

　어린이집이 안정적으로 체계적인 서비스를 제공하는 일은 단순히 소비자와 서비스 제공자 간의 거래 이상의 의미를 지닌다. 어린이집이 제공하는 서비스가 사람을 돌보고 양육하는 일과 직결되기 때문이다. 어린이집은 유아의 발달과 성장에 중요한 영향을 미치는 교육 현장이다. 서비스라는 단어를 사용하기는 했지만 이 단어로는 다 담을 수 없는 가치가 존재하는 분야다. 유아와 가정, 나아가 지역 사회의 미래를 형성하는 데 기여하는 중요한 역할을 한다고 해도 과언이 아니다.

　과거에는 어린이집과 유치원이 서로 다른 교육과정을 운영하면서 유아들이 받는 교육의 내용과 질이 차이가 났다. 특히 어린이집은 돌봄 중심의 기능을 강조한 반면, 유치원은 교육적 접근을 강조했다. 이러한 차이는 유아의 발달에 필요한 통합적 교육 제공에 한계를 만들었고 학부모들에게 혼란을 야기하기도 했다.

  어린이집이 돌봄 기능에 중점을 둔다고 하지만 하루가 다르게 성장하는 아이들을 마주하면 교육 활동은 자연스럽게 따라올 수 밖에 없다. 이러한 현실을 감안했을 때 돌봄이라는 역할과 함께 교육도 필수적으로 동반되어야 했다. 현장에서 쌓아올린 경험을 바탕으로 체계적인 교육과정이 필요하다 생각한 나는 「누리과정」의 도입을 적극적으로 추진하기 시작했다.

  2012년, 한국의 유아 교육 현장에 획기적인 변화가 찾아왔다. 만 3세부터 5세까지 모든 유아를 대상으로 하는 「누리과정」이 도입된 것이다. 이 과정은 어린이집과 유치원에서 동일하게 적용되며 보육과 교육의 통합을 목표로 한다. 누리과정이 시행되면서 유아 교육의 체계성이 크게 강화되었고 어린이집은 더 이상 단순한 돌봄의 공간이 아닌 전인적 발달을 위한 교육의 장으로 자리 잡게 되었다. 또한 유아들이 어떤 기관에 다니든 균등한 교육 기회를 가질 수 있게 되었다. 유아의 전인적 발달을 위한 체계적인 교육이 가능해진 것이다. 부모들 역시 누리과정의 도입으로 자녀가 어린이집과 유치원에서 동일한 교육을 받을 수 있다는 점에서 큰 안도감을 느끼게 되었다는 현장의 목소리를 접할 수 있었다.

어린이집에 누리과정 도입 이후 가장 큰 변화 중 하나는 놀이 중심의 교육 방법이 강화된 점이다. 누리과정은 유아의 발달 특성을 고려해 놀이를 통해 학습하도록 유도한다. 교사는 지식을 전달하는 역할을 넘어서 유아의 놀이를 지원하고 학습을 촉진하는 촉진자 역할을 맡게 된다. 이러한 놀이 중심 교육은 유아의 흥미와 관심을 높이고 학습에 대한 긍정적인 태도를 형성하게 한다.

누리과정 도입은 교사의 전문성 향상에도 기여했다. 교사들은 누리과정의 내용을 이해하고 이를 효과적으로 전달하기 위해 전문적인 연수를 받게 되었다. 교육부와 보건복지부는 교사들에게 누리과정 관련 연수와 교육 기회를 제공하여 유아의 발달을 촉진할 수 있는 전문성을 갖추도록 했다. 이를 통해 교사들은 유아의 발달 특성에 맞는 교육 방법을 더 깊이 이해하게 되었고 유아에게 보다 효과적인 교육을 제공할 수 있게 되었다.

누리과정은 한국 유아 교육의 큰 전환점이 되었고 교육의 체계성과 질적 향상을 동시에 이루었다. 이를 통해 어린이집은 유아의 전인적 발달을 지원하는 중요한 교육 기관으로 자리매김하게 되었다.

한국영유아보육 50년사를 발간하다

한 분야의 역사를 정리하는 책은 해당 분야의 발전 과정과 성과, 문제점을 체계적으로 이해하고 이를 바탕으로 미래의 방향을 설정하는 데 중요한 역할을 한다. 과거의 경험을 통해 교훈을 얻을 수 있으며 성공과 실패의 기록을 분석함으로써 실수를 반복하지 않게 하고 효과적이었던 접근법은 더욱 발전시킬 수 있다. 이를 통해 현재의 문제를 보다 명확하게 파악하고 실질적인 해결책을 모색할 수 있다. 또한 실무자, 학자들이 향후 전략을 수립하는 데 필요한 중요한 참고 자료가 된다. 역사를 정리하는 것은 사회적 합의를 이끌어내는 데도 기여한다. 사람들은 특정 분야의 역사적 중요성과 가치를 인식하게 되고 더 나은 변화를 위한 공감대가 형성된다.

결국 한 분야의 역사를 체계적으로 정리하는 책은 과거를 통해 현재를 이해하고 미래를 대비하는 데 필수적인 자료다. 이를 통해 해당 분야의 지속 가능한 발전을 도모할 수 있다.

내가 회장으로 재임했던 때, 한국 어린이집총연합회는 정권 교체와 동반된 다양한 변화를 경험했다. 변화를 이끌고 보육 현장이 변화에 적응하도록 다채로운 방법을 모색하는 것만이 협회의 역할이 아니다. 이러한 발자취를 제대로 기록하여 후대를 위한 자료를 남기는 것 또한 협회의 임무인 동시에 그 당시 시대를 살아가는 우리 세대의 임무라 생각했다.

이러한 사명을 가지고 추진한 것이 바로 『한국영유아보육50년사』 발간이었다. 50년의 보육 역사가 지금까지 제대로 정리되지 않았다는 점과 더불어 급작스러운 변화에 적응하는 어린이집의 과거의 현재를 정리한다면 앞서 말한 것과 같은 긍정적인 결과를 낳을 것이라 확신했다. 또한 『한국영유아보육50년사』와 같은 자료가 기준점이 된다면 다음 세대가 이야기를 이어가기도 쉬울 거라 생각했다. 그래서 『한국영유아보육50년사』는 영유아 보육을 가능하면 폭넓게 다루고자 노력했다.

좀 더 자세히 살펴보자면, 『한국영유아보육 50년사』는 일제 강점기 선교사들에 의해 시작된 보육 현장을 시작으로 이야기를 풀어 나간다. 이후 전쟁 고아들을 돌보는 혼합 보육원을 거쳐 1961년에 제정된 아동복리법 등 보육 분야를 둘러싼 다사다난한 일들을 차례로 담고 있다.

1980년대 새마을 유아원을 비롯 1990년대 유아원에서 어린이집으로 전환되는 과정, 그리고 2008년 이명박 정부가 출범과 동시에 시작된 보육 정책의 큰 변화 등을 시간 순서대로 나열했다. 역사적 사실 뿐만이 아니다. 각 시대에 실시된 보육 정책의 내용과 특징, 그리고 이들을 둘러싼 논의 등도 꼼꼼하게 실었다.

이 뿐만이 아니다. 보육의 이념 및 필요성에 대한 고찰, 영유아 보육의 근본 목적, 사회적 측면과 교육적 측면에서 보육의 필요성을 개관했다. 또한 보육교사의 전문성에 대한 논의를 통해 보육 현장에서의 교사 역할과 자질에 대한 기준을 제시하고 한국 보육의 역사 및 관련법과 현황에 대한 내용을 통해 보육 정책의 변천사와 현황을 상세히 설명했다.

이렇듯 포괄적인 한 권을 만들기 위해 실로 많은 이들의 노고가 있었다. 편집위원회의 노력과 집필을 담당한 전문가들의 보이지 않는 노력이 없었다면 결코 완성할 수 없었을 것이다. 그래서 나는 『한국영유아보육50년사』의 발간을 언급할 때마다 늘 이야기한다. 한 권의 책이 가지는 의미도 중요하지만 이러한 책 한 권이 완성되기까지 고생한 이들의 의지와 추진력이야말로 우리가 주목해야 할 유산이라고 말이다. 그들의 헌신이 바탕이 된 팀워크야말로 책의 내용과 함께 보육 분야에 종사한 이들이 꼭 반추해야 할 또 다른 유산이라 생각한다.

보육유공자훈장의 도입

　수십 년에 걸쳐 어린이집을 운영하고 이후 전남 회장과 전국 회장을 역임하게 되면서 나는 보육계의 사회적 인식이나 위치에 대해 오랜 기간 진지하게 고민하게 되었다. 여러 부분에서 개선이 필요하다고 느꼈지만 그 중에서도 보육 분야에 대한 사회적 지위 향상이 시급해 보였다.

　나는 종종 유치원이나 초등학교 교사들이 정년퇴임 후 대통령상을 비롯한 여러 훈장을 받는 모습을 보곤 했다. 반면에 어린이집 교사들은 수십 년간 영유아 보육에 헌신해도 훈장 하나 없이 은퇴한다. 현재 한국에는 약 20만 명의 어린이집 교사들이 영유아 보육에 헌신하고 있다. 아이들이 가장 손이 많이 가는 시기인 유아기를 책임지는 이들은 다름 아닌 보육계의 인재들이다. 특히 신체적·정서적으로 예민한 아이들의 성장을 돕는 중요한 역할을 한다. 그럼에도 불구하고 어린이집 교사들이 공로를 인정받을 기회는 전무했다.

나는 이러한 현실을 바꾸어야겠다는 결심을 하게 되었다. 어린이집 교사들의 헌신과 노고를 제대로 치하하고 인정하는 기회의 장을 만들고 싶었다. 매년 보육계에서 활약하는 이들의 성취를 공유하고 이를 축하하는 자리를 만드는 계기로 무엇이 있을까 고민하다가 떠오른 것이 훈장이었다. 다른 교육계에서도 당연하게 여겨지는 일이 우리에게 허락되지 말라는 법은 없다. 떠오른 아이디어를 다듬을 새도 없이 나는 움직이기 시작했다.

나는 곧바로 보건복지부를 찾아갔다. 어린이집이 소속된 보건복지부에서 방문해 직접 훈장 제정에 대해 문의했지만 보건복지부에서는 훈장을 관할하지 않는다고 했다. 그들은 나에게 훈장과 관련된 업무를 담당하는 부처를 안내해 주었고 내가 향해야 할 곳은 행정안전부라는 사실을 알게 되었다. 행정안전부에는 상훈제도를 담당하는 부서가 있었고 나는 그곳에서 훈장 제정에 대해 구체적으로 문의하기 시작했다. 복잡한 절차와 까다로운 규정에 대해 설명을 들으면서, 그 길이 쉽지 않을 것이라는 사실을 다시금 깨달았다.

걸쭉한 전라도 사투리로 문의를 거듭한 나를 본 한 공무원이 나를 따로 안내해 주었다. 그는 마침 나와 같은 전라도 출신이었고 나를 훈장 관련 업무를 담당하는 국장에게 데려갔다.

공무원은 국장을 소개하며 국장도 전라도 출신이라고 했다. 대화를 나누다 보니 나와 같은 해남 출신이라는 것을 알게 됐다. 국장은 나를 "선배님"이라고 부르며 전라도 사람끼리의 정이 느껴지는 친밀한 분위기에서 대화를 나누게 되었다. 그는 훈장 제정의 어려움에 대해 솔직하게 설명했다.

"행정안전부에서 상훈제도를 담당, 관리하고 있습니다. 하지만 훈장 제정은 저희 소관이 아니에요. 일반적인 과정은 이렇습니다. 우선 필요성을 검토하고 제안서를 작성해 제출하면 이를 두고 관련 부처에서 협의를 진행합니다. 타당한 제안이다 싶으면 상임위원회 심의를 거쳐 국무회의 상정하고 최종적으로 대통령의 승인이 떨어지면 공표 및 시행 규칙 수립하게 됩니다. 이렇듯 결코 쉽지 않습니다. 과정이 꽤 복잡하죠. 하지만 상임위원장을 곧바로 공략하시면 이 복잡한 과정을 조금은 단순화할 수 있습니다. 선배님! 상임위원장에게 직접 요청하시는 게 가장 빠른 길입니다."

고향 후배인 국장은 나에게 구체적인 절차를 설명해 주었다.

당시 상임위원장은 인천에 지역구를 둔 국회의원이었다. 나는 인천 지역 어린이집 원장들에게 도움을 청했다.

"이제 우리 보육계에도 대통령훈장 정도는 있어야 하지 않겠습니까. 제 지역구 의원인 상임위원장에게 훈장 제정의 필요성을 설명해 주십시오. 보육교사들의 헌신이 얼마나 중요한지 꼭 말씀해 주시고 공로를 인정받을 기회를 주어야 한다는 점을 강조해 주셨으면 합니다." 인천 지역 원장들은 이 제안에 적극적으로 동의했다. 그리고 어린이집 원장들이 오랜 기간 그래왔듯 조직적으로 움직이며 상임위원장에게 여러 차례 훈장 제정의 필요성을 설득했다.

인천 지역 어린이집 원장들의 끈질긴 요청에 상임위원장은 마침내 보건복지부 장관에게 전화를 걸었다. 그는 어린이집 교사들을 위한 훈장을 제정하는 방안을 적극 검토해 달라고 요청했다. 여러 차례 논의 끝에 결국 훈장이 제정되었다. 결코 짧지 않은 과정이었다. 여러 단계에서 많은 사람들의 노력이 필요한 일이었다. 과정이 지난한 만큼 굳이 어려운 일을 나서서 하려고 하는 이유가 무엇이냐고 묻는 이들도 있었다. 하지만 언젠가 누군가는 해야 할 일이다. 다음 세대에게 미루느니 먼저 생각한 이가 나서는 편이 낫지 않겠는가. 무엇보다도 오랜 세월에 걸쳐 현장에서 대한민국 영유아의 돌봄과 교육을 책임져 온 이들의 노고를 제대로 기념하는 일을 더 이상 미룰 순 없었다. 많은 이들이 적극적으로 추진한 끝에 어린이집 교사 및 원장들의 헌신과 공로를 인정받는 길이 열린 것이다.

2009년 보육유공자 포상식에서 처음으로 국민 훈장이 수

여되었다. 훈장 제정의 경험은 나에게 여러 가지를 깨닫게 했다. 무엇보다 중요한 것은 목표를 이루기 위해서는 끊임없는 노력이 필요하다는 점이다. 처음에는 복잡하고 막막하게 보였던 일이었지만 뜻을 같이하는 사람들의 협력과 지원이 있었기에 가능했다. 특히 전라도 사투리를 알아채고 나를 돕기 위해 나섰던 행정안전부의 공무원, 그리고 인천의 어린이집 원장들처럼 각자의 자리에서 조금씩 도움의 손길을 내밀었던 사람들이 있었기에 이 일은 성공적으로 이루어질 수 있었다.

어린이집 교사들의 헌신은 우리 사회의 미래를 지탱하는 기초이자 영유아 보육의 질을 유지하는 핵심이다. 훈장 수여를 통해 그들의 헌신이 제대로 평가받을 수 있는 사회가 되기를 소망한다.

보육계 원로회의 재조직하다

보육계 지도자들의 모임 「보은회」는 한때 보육계의 지도자들이 모여 교류하고 협력하는 조직으로 알려져 있었다. 하지만 시간이 흐르면서 협회 내부에서 "상을 나눠 먹는다"는 이야기들이 돌기 시작했다. 회원들 사이에서 보은회의 활동이 본래 이름과는 맞지 않는 방향으로 흐르고 있다는 비판이 나오기도 했다.

그 결과 보은회는 해체의 길로 들어섰다. 이후 남아 있는 지도자들은 조직을 재편성해야 할 필요성을 느꼈고 나갈 사람은 나가고 남을 사람은 남기로 결정하며 새로운 출발을 계획하기 시작했다.

조직을 다시 꾸리면서 남은 사람들 사이에서는 지도자 모임의 새로운 이름을 어떻게 지을 것인가에 대한 논의가 자연스럽게 이어졌다. 당시 나는 모임에 참여하면서 앞으로의 활동 방향과 목적에 대한 의견은 있었으나 이름을 새롭게 짓는 것에 대해서는 별다른 생각이 없었다. 새로운 이름에 대한 회의가 진행되는 동안 나는 그저 조용히 앉아 있었다. 그런 나를 보고 모임의 한 회원이 물었다.

"회장님은 왜 아무 말씀도 안 하십니까? 좋은 이름에 대한 의견 없으신가요?"

솔직히 그때 나는 적지않게 당황했다. 이름과 맞지 않는 활동이 문제가 되어 해체가 된 모임의 이름에 대한 의견을 물어보다니. 뭐라 대답해야 할지 갈피를 잡을 수 없었다.

그때 문득 성경 속의 인물들이 떠올랐다. 성경에는 예수님이 오셨다는 소식을 듣고 네 명의 친구가 중풍에 걸린 친구를 데리고 예수님을 만나러 가는 장면이 나온다. 하지만 예수님이 계신 장소에는 너무 많은 사람들이 모여 있었고 중풍 환자를 데리고 안으로 들어가는 것은 불가능했다. 그들은 결국 건물 지붕을 뜯어 환자가 예수님을 만날 수 있도록 했다.

이 이야기는 당시 나에게 큰 울림을 주었다. 그 네 명의 친구들은 진정한 믿음과 헌신의 상징으로 등장하지만 그들의 이름은 성경에 한 번도 언급되지 않는다. 그들은 그저 「그들」로만 불릴 뿐이다. 중요한 것은 그들의 이름이나 행위가 아니라 그들이 보여준 친구를 위한 믿음과 헌신의 마음이다.

모임의 새로운 이름을 짓는 문제를 두고 고민하던 나는 이

이야기를 생각해냈고 그 자리에서 조용히 그 일화를 나눴다. 내 이야기를 들은 한 사람이 갑자기 말했다.

"이거 답이 다 나왔네요.「그들의 모임」이라고 하면 되지 않겠습니까."

「그들의 모임」! 이 새로운 이름은 개인의 이름이나 명성을 드러내기보다는 우리가 함께 이루고자 하는 공동의 목표와 믿음에 초점을 맞추자는 의지가 담겨 있다. 그래서 이제 보육계 지도자들은 임은「그들의 모임」이라는 이름 아래 활동하고 있다. 이 모임의 이름은 스스로의 이름을 드러내기보다 뒤에서 묵묵히 봉사하고 헌신하는 정신을 담고 있다. 우리는 모두 각자의 이름이 아닌 함께 이룰 수 있는 공동의 가치를 추구하기 위해 모였다는 사실을 기억하고자 한다. 이름은 단순한 상징에 불과할 수도 있지만 이 모임의 이름은 우리가 추구하는 가치와 철학을 담고 있기에「그들의 모임」이라는 이름이 나는 자랑스럽다.

지도자들의 모임명 더불어 내가 또 한 가지 제시한 것은 「원로회」의 기준이었다. 대부분의 국가기관이나 단체에는 원로회가 있다. 원로회는 조직이 어려운 상황에 처했을 때 자문을 제공하고 후배들을 지원하는 역할을 맡는다. 원로들은 조직의 전통과 경험을 바탕으로 중요한 결정을 내리는 데 큰 기여를 한다. 하지만 이상하게도, 보육계에는 이런 원로회가 존재하지 않았다. 보육계의 발전을 위해서라도 원로회의 필요성은 매우 컸고 원로회 조직을 위한 기준을 확립하는 것이야말로 나에게 주어진 과제라 생각했다.

가장 먼저 필요한 것은 원로회의 구성 기준이었다. 그렇게 해야 후배들이 원로회의 권위를 인정할 수 있고 조직의 발전에도 긍정적인 영향을 미칠 수 있기 때문이다. 그래서 나는 훈장이나 포장을 받은 사람들로 원로를 정하자는 제안을 했다. 훈장을 기준으로 삼는다면 원로회 구성에 대한 잡음이나 불만을 최소화할 수 있다고 판단했다. 훈장은 국가에서 그 사람의 업적과 헌신을 공식적으로 검증한 결과물이며 보육계의 후배들도 이를 신뢰할 수 있을 것이라 믿었다.

그렇게 우리는 훈장 수상자를 기준으로 한 보육계 원로회를 조직할 수 있었다. 원로회는 현재도 활발히 활동하고 있으며 보육계의 중요한 현안에 후배들이 요청하면 의견을 제시하고 정부와의 소통에서 다리 역할을 충실히 수행하고 있다. 특히 후배들이 정부 기관에 직접 의견을 전달하기 어려울 때 원로회는 그들의 목소리를 대신 전달하는 중요한 통로가 되고 있다.

또다른 차원의 인생이라는 무대에 서다

 전남의 시골에서 오랜 기간 동안 어린이집을 운영해 온 내 인생은 그저 보육 현장에서 헌신하며 아이들을 돌보는 것이 전부인 줄 알았다. 그러나 하나님의 인도하심으로 나는 전혀 예상하지 못했던 길을 걸어가게 되었다. 그것은 바로 한국어린이집총연합회 회장직을 두 번이나 역임하는 일이었다. 처음 회장에 선출되었을 때 나는 그저 막중한 책임감과 함께 전국 보육계의 대표로서 최선을 다해야 한다는 마음뿐이었다.

 하지만 시간이 지나면서 내가 서 있는 자리와 역할의 무게가 점점 더 실감났다. 회장직을 맡은 후 나는 더 넓은 무대에 서게 되었고 내 삶에는 다양한 변화가 찾아왔다. 특히, 존경하는 동료들을 대표하여 김대중 전 대통령 서거 조문에 직접 참석하게 된 일은 나에게 큰 감동과 책임감을 안겨 주었다. 김대중 전 대통령의 서거는 그가 남긴 민주화와 복지정책의 유산을 생각하게 했고 나 역시 보육 분야에서 그 정신을 이 그치지 않고 보육 정책과 제도 개선을 위한 더 큰 그림을 그리게 되었다. 보육 현장에서의 경험이 나의 기초가 되었지만 회장직을 맡으면서 더 넓은 시각으로 보육계를 바라보고 새로운 목표를 세우는 기회를 얻게 되었다.

 그 과정에서 나는 나 자신을 되돌아보게 되었고 그동안 경험해 보지 못한 일들을 겪으면서 내 삶의 새로운 지평을 보게 되었다. 내가 어린이집을 운영하며 얻은 현장 경험과 보육에 대한 열정은 회장직 수행에 큰 도움이 되었다. 그러나 그 이상의 것들도 있었다. 전국을 돌며 회원들과 소통하고 정책 입안자들과 협의하며 보육의 가치를 설파하는 일은 나의 사고방식을 바꾸고 인생의 방향을 더욱 확고히 하는 데 큰 영향을 미쳤다. 그리고 이제는 그저 개인의 성장을 넘어 더 큰 목적을 위해 헌신하는 보육계의 일원이라는 자부심을 가지게 되었다. 내가 이 자리에 설 수 있었던 것은 하나님의 은혜와 보육 현장에서 나를 믿어준 회원들 덕분이다.

 지금까지의 인생 여정을 돌아보며 이 모든 것이 하나님의 계획이었음을 깨닫는다. 회장직을 두 번이나 역임하게 된 것도 보육계의 발전을 위해 더 많은 사람들과 협력하게 된 것도 모두 하나님의 은혜 덕분이었다. 앞으로도 나는 이 길을 따라가며 더 많은 아이들이 행복한 환경에서 자랄 수 있도록 보육계의 발전을 위해 최선을 다할 것이다.

정부 외면, 보육시설 어디로 가야하나

브레이크뉴스 광주전남 2004년 11월 15일
〈특별기고〉 윤덕현 전남보육시설연합회장

　여성의 취업 증가에 따라 보육 수요가 날로 증가하자 정부는 부족한 보육시설 확충을 위해 법인보육시설을 권장하였다. 당연히 국공립 보육시설이 그 역할을 다하여야 하나 정부의 힘만으로는 단기간에 보육시설을 확충할 수가 없어 민간자본을 끌어들여 인건비를 90% 지원하는 것을 전제로 사회복지법인 보육시설과 종교부설 보육시설을 허가하였다.
　그 동안 보육시설 운영자들은 영유아의 보육이 어느 무엇보다 소중한 일임을 알고 정부의 방침에 따라 최선을 다해 보육시설을 운영해 왔다. 하지만 정부는 처음의 약속을 깨고 인건비 지원을 45%로 낮추고 각종 교재 교구비 지원과 간식비 지원도 예산이 부족하다는 이유만으로 계속 삭감해 왔다.
　이러한 상황 가운데 보육업무가 보건복지부에서 여성부로

이관되면서 보육에 관해 다양한 변화가 시도되고 있다. 특히 2005년도에는 시설 지원비 45%를 30%로 낮추는 것에 더해 학부모(수요자)가 납부하는 보육료 체계에 변화가 많고 복잡해졌다.

먼저 보육료를 이제까지 인상해오던 것보다 대폭 인상하여 평균 16.7%를 인상한다는 정부의 방침이다. 인상의 이유는 그 동안 정부지원시설(공립, 법인, 종교부설어린이집)에 지원하던 교사인건비 지원금액을 일부 삭감하고 그 삭감된 부분을 보육료로 충당하도록 한 것이다.

여성부는 일반 유아의 보육료는 인상하지만, 저소득 유아의 보육료 지원액을 2004년도 1,524억원에서 2005년도 2,671억원(1,147억 증가)으로 늘리고, 지원아동의 수효도 2004년도 250,975명(27.9%)에서 404,798(45%)로 확대시켜 부모의 부담은 증가하지 않도록 하였다고 주장했다.

그렇지만 맞벌이부모와 중산층 부모의 부담이 대폭 늘어나는 것은 피할 수가 없다. 즉, 정부가 부담하던 공보육시설의 종사자 인건비 일부를 맞벌이 부모와 중산층 부모가 부담하도록 한 것이다.

이번 여성부의 조치는 일반 가정에서 대폭 인상된 보육료를 부담하게 하는 것으로 정부의 출산 장려정책에 찬물을 끼얹는 셈이 될 것으로 보인다. 이러한 정책은 영아 보육률 감소, 여성의 사회진출 제한, 중산층 직업여성의 출산기피 현상이 심화될 것으로 보이지만 아직까지 여성부는 자신들의 방어가야 한다는 사명감을 더욱 굳히게 되었다.

　이명박 정부 시절 나는 보육계를 대표하는 자리에서 청와대를 방문할 기회도 가졌다. 당시 나는 한국어린이집총연합회의 대표로서 청와대에서 보육계의 현안과 필요성을 설명해야 했다. 보육교사들의 처우 개선과 영유아들의 안전한 환경 조성, 보육 시설 확충 등을 위한 정책적 지원을 강력히 요구하면서도 그 자리가 주는 중압감 속에서도 용기를 내어 내 목소리를 냈다. 내 말을 듣고 정책 입안자들이 적극적인 반응을 보일 때마다 내게 주어진 역할이 얼마나 중요한지를 절감할 수 있었다.
　이러한 경험들은 단순히 나 개인의 영광이나 업적을 넘어 전국의 보육인들을 대표하는 자부심과 책임감을 심어 주었다. 내가 보육계의 대표로서 목소리를 낼 수 있었던 것은 전국 협회 회원들의 지지 덕분이었다. 그들의 신뢰와 응원이 없었다면 나는 이런 중요한 자리에서 목소리를 낼 수 없었을 것이다. 전국의 보육 교사들이 아이들을 위해 헌신하는 모습과 그들의 열정을 보며 나 또한 더욱 큰 책임감을 가지고 회장직을 수행할 수 있었다.
　회장직을 수행하면서 나는 보육계의 현실을 더 깊이 이해하게 되었고 나아가 보육의 중요성을 더욱 절실히 느끼게 되었다. 이 과정에서 나는 단순히 보육 시설을 운영하는 것에

안을 굽히지 않고 있는 실정이다.

뿐만 아니라 정부지원에 의존하여 어렵게 시설을 운영해온 농어촌 지역은 인건비지원액의 15% 삭감으로 인하여 고통이 가중될 것으로 예상된다.

영아반(만 2세 이하)의 경우 현재 고시된 보육료로 원아모집이 순조롭지 않아 일반적으로 정부고시단가보다 훨씬 낮은 보육료를 수납하는 시설들이 많다. 특히 농어촌지역의 정부지원시설은 이번 인건비 지원금 15% 삭감으로 인해 더 큰 어려움을 겪을 전망이다.

정부고시단가 100% 수납하는 것을 기준으로 교사인건비 지원금을 삭감하려는 여성부의 정책은 일반적으로 고시단가보다 낮게 수납하는 보육시설의 현실을 감안할 때 결국 아이들의 급식비나 난방비, 수용비 등을 줄여 쓸 수밖에 없어 당연히 보육의 질을 떨어뜨리는 결과를 초래할 것이다.

'인건비 지원을 줄이는 만큼 아동별 지원의 확대로 정부지원시설의 수입에는 변화가 없다'는 여성부의 주장은 일면 그럴듯해 보이지만 보육현장을 제대로 파악하지 못한 한계를 드러내고 있다.

농어촌 시설이 많은 우리 지역 전남의 보육현실을 예로 들자. 농도(農道)인 전남은 200여 개의 정부지원시설이 있다. 그중 중소도시나 일부 읍 소재 시설을 제외하고는 거의 모든 시설이 지금도 정부고시 표준 보육단가를 받지 못하고 있다.

2004년도 전남 일부지역 보육료 수납 현황을 조사해 본 결과, A지역의 경우 3세 이상은 84%, 2세는 61%, 2세미만 은 58%의 보육료를 수납하고 있고, B지역의 모 어린이집 은 근처에 병설유치원이 있어 2004년도 표준 보육단가의 20~40%대 밖에 수납하지 못하는 것으로 조사되었다. 여기에 보육료 장기체납자가 많아 1년 보육료 수입의 평균 5~10% 정도 결손처리를 하고 있는 시설들이 태반이다.

  이처럼 근처에 병설유치원이 있어 보육료를 제대로 받을 수 없는 실정인데 더 큰 문제는 이 곳 뿐만 아니라 병설유치원과 인접하여 경쟁하는 다른 농어촌 읍면 어린이집의 경우에도 비슷한 예를 쉽게 찾아 볼 수 있다는 것이다.

  결국 정부지원시설의 수입에는 변화가 없을 것이라는 정부의 주장은 그만큼 설득력이 없어 보인다. 무엇보다 현재 유래 없는 경기침체 하에서 보육료의 인상이 불가능한 상황이다.

  이런 상황에서 보육현장의 질을 높이려면 부족한 운영비를 더 지원하여야 함에도 불구하고, 정부는 아동별 지원의 확대가 마치 시설 운영 수입이 증가하는 것으로 단정하며 30% 지원만으로 정부지원 명분을 유지하려 하고 있다.

  20만 명을 보육하는 정부지원시설 교사 인건비 지원금 15%(연 154억원)를 삭감해 12시간 근무에 시달리는 교사들의 사기를 저하시키고, 그 대가로 보육료 16.7%를 파격 인상하여(종전, 매년 3.5%수준) 85만 학부모 보육료를 연간

2,812억원 추가 부담시키면서 육아부담을 안겨주는 이번 정부정책은 위험천만한 일이며 정부가 애초 지향한 '公 보육'에 반하는 방식이 아닐 수 없다.

한편 복지부로부터 보육업무를 이관 받기 위해 전국의 정부지원시설 운영자들을 찾아다니며 '향후 5년간 매년 보육교사 인건비 지원을 12%씩 상향 지원하겠다'던 한 여성부 고위관료의 약속이 업무가 이관되자마자 곧바로 사언(詐言)이 되어버린 것도 정부 스스로 공신력을 무너뜨리는 처사이며 복지 정책의 일관되지 않은 단면을 보여주는 것이다.

여성부는 보건복지부로부터 이관 받을 때의 약속을 이행하여야 함이 마땅하다. 무엇보다 보육현장에서 어린 생명들을 책임지고 헌신하는 교사들이 자존감을 가지고 일할 수 있도록 수고한 만큼의 보상이 이루어져야 할 것이며, 운영자들 또한 정부를 신뢰하고 보육업무에만 최선을 다할 수 있도록 충분한 여건을 마련해 주어야 될 것이다.

윤덕현, 보육이 낳은 기적

PART + 02

아이들의 행복을 꿈꾸고 실천하는
해피아이 국제보육봉사단

동남아시아로 향하다

 착륙 준비를 시작하겠으니 자리에 앉아 안전벨트를 매라는 기내 방송에 다시 한 번 비행기의 작은 창문으로 시선을 던졌다. 우리가 타고 있는 비행기는 동남아시아의 한 나라 위를 날고 있었다. 기장의 착륙 신호와 함께 승객들에게 벨트 착용을 권하는 승무원들의 부산한 움직임을 보고 있자니 그제서야 내가 처한 상황이 실감났다. 우리는 남들처럼 근사한 리조트에 묵으면서 쉬엄쉬엄 해변가를 걷기 위해 이곳에 온 것이 아니다. 비행으로 몸과 함께 붕떠 있던 마음에 약간의 조바심과 긴장이 슬그머니 번지기 시작했다. 확실한 목적을 가지고 바다 건너 외국까지 왔다는 사실이 나를 흔들었다. 그렇다. 우리는 명확한 사명을 가지고 이곳에 왔다. 그렇기에 더욱 마음을 다잡고 목적을 잊지 않아야 한다.

 우리에게 주어진 사명. 그것도 대한민국이 아닌 먼 이국 땅에서 이루어야 하는 사명과 만나게 된 것은 불현 듯 찾아온 하나의 사건 덕분이었다. 부정적인 어감을 담은 '사건'이라는 단어 뒤에 바로 '덕분'이라는 표현을 쓴 것에 모순을 느끼는 이도 있을 것이다. 하지만 그 사건이 없었다면 우리의 헌신 또한 시작되지 않았을 것이기에 나는 여전히 그때의 사건을 곤경이 아닌 기회로 여긴다.

  2009년, MBC 불만제로라는 프로그램에서 몇몇 어린이집의 급식 문제를 보도했다. 프로그램은 어린이집에 잠입해 몰래카메라로 찍은 영상을 보여주며 유통기한이 지난 식재료를 사용하는 곳, 비싼 급식료를 받았음에도 그에 합당하지 않은 음식을 아이들에게 먹인 곳을 고발했다. 방송에서 나온 사례는 전국 어린이집의 극히 일부분에 지나지 않는 행태였고 소수의 사례를 어린이집 전체의 상황으로 몰아붙이는 건 무리가 있다. 있어서는 안 될 일을 밝히고 상황을 올바른 방향으로 이끄는 방송의 순기능을 부정하는 것은 아니다. 다만 소수의 어린이집에서 벌인 악행이 일반화되어 전국의 어린이집이 다 비슷하다 인식이 퍼지는 것을 그저 두고 볼 수만은 없는 노릇이었다.
  프로그램이 방송된 이후에 쏟아진 비난 여론은 잠잠해질 줄 몰랐다. 다른 것도 아니고 영유아를 돌보는 곳에서 일어난 일이니 국민의 분노가 쉽게 식지 않는 건 당연한 일이었다.

어린이집과 관련된 뉴스가 보도될 때마다 급식 문제는 언급되었고 이에 대한 조치를 취해달라는 의견도 많아졌다. 당시 내가 회장으로 있던 한국어린이집총연합회에도 이러한 의견이 다수 접수되었고 여론을 잠재울 방법으로 몇 가지 방안이 논의되었다.

"언론사에 광고를 내 보면 어떨까요? 광고비 덕분에 어쩌면 두 개 나올 기사가 하나로 줄어들지도 모를 일이잖아요."

그때 가장 많았던 의견은 방송이나 신문에 광고를 내면 언론이 조금은 잠잠해질 것이라는 내용이었다. 신문 지문 광고에 대해 주변에 구체적인 조언을 구했다. 사무처장를 비롯한 지인들, 관련 전문인들은 신문 지면의 하루 광고 비용이 적게는 천만 원에서 많게는 2천 5백만 원이라고 했다. 비용도 비용이지만 하루 한 번의 광고로 들썩인 여론이 잠잠해질 리가 없다. 비용 대비 효과도 확실하지 않을뿐더러 이러한 선례를 남기는 것이 과연 현명한 선택인가 하는 의구심도 들었다. 고액의 일시적인 방편이 아닌 근본적인 대책을 강구해야겠다는 생각이 들었다.

이때 떠오른 것이 선행의 순환이었다. 광고비를 조금 더 뜻있는 곳에 써 보면 어떨까. 그 방식이 지금 당장 눈에 띄는 결과를 불러오는 것은 아닐지라도 꾸준히 선행을 실천하면 우리가 상상하지 못한 더 큰 열매를 맺게 될지도 모를 것이라는 방안이 머리를 스쳤다. 생각을 거듭할수록 이 방법에 대한 확신이 생겼다. 그래서 연합회 주요 인사들을 중심으로 설득하기 시작했다. 신문 광고 같은 단방약 방식으로 대처할 것이 아니라 차라리 사회적으로 의미있는 일에 그 돈을 쓰는 게 어떻겠냐고 나의 확신을 전달했다. 이는 단순히 당시 악화된 여론을 중화시키겠다는 목적을 이루고자 하는 방법이 아니었다. 당시 수식어로 늘 따라다니는 '데모 잘하는' 〈한국어린이집총연합회〉라는 이미지를 불식시키기 위해서라도 좋은 일을 꾸준히 실천하는 구조를 만들어야 한다고 생각했다.

어린이집을 운영하는 이들의 단체에서 할 수 있는 일은 무엇일까. 전혀 다른 분야의 무언가를 하기 보다는 이미 갖추고 있는 전문성을 바탕으로 하는 게 좋지 않을까. 그래서 동남아시아에 어린이집을 짓는 사업을 제안했다.

모든 일이 그렇듯 찬성하는 사람이 있는가 하면 반대하는 사람도 있다. 반대하는 이들의 마음을 모르는 건 아니었다. 누구든 단방약을 선호하기 마련이다. 당장 해결해야 할 눈앞의 문제에 적극적으로 대처할 수 있는 방안이 있다면 그쪽으로 마음이 기우는 건 당연하다. 하지만 우리에게 필요한 건 단방약이 아니었다. 보육 분야에 몸과 마음을 바친 이들의 진정성을 제대로 알릴 방법이 절실했다. 그래서 적극적으로 과감하게 움직이기로 했다. 그때 당시 알고 지내던 서울신학대학 사회복지학과 교수님에게 어린이집 건립 사업에 대해 상의했다. 그분은 자신의 지인이라는 신학과 교수님 한 분을 소개해 주었다. 당장에 내가 구상한 아이디어를 전달하고 조언을 구했다.

"말씀하신 활동에 뜻을 함께 할 분을 찾은 것 같습니다."

신학과 교수님은 베트남에서 활동하는 선교사 한 분을 소개해 주었다. 하나하나 진행되는 과정 속에서 주저할 이유가 없었다. 하기로 했다면 당장 행동으로 옮기는 성격의 소유자인 나는 더 과감하게 한 발 내딛기로 했다.

베트남에서 시작된 첫 행보

　소개받은 선교사를 통해 이런저런 정보를 얻긴 했지만 그것만으로는 부족했다. 현지에서 두 눈으로 직접 확인해야 진행 가능성 여부를 가늠할 수 있을 것 같았다. 그렇다면 방법은 하나 뿐이었다. 나는 나의 계획에 긍정적인 반응을 보인 이들에게 제안했다.
　"말이 나온 김에 베트남으로 여행 간다 생각하고 한 번 다녀오는 건 어떻겠습니까?"
　나의 제안에 열 명 정도의 회원이 베트남 여행에 손을 들었다. 사업 진행을 위한 현지 조사가 아닌 여행인 만큼 경비는 각자가 부담하기로 했다.

　베트남의 뜨거운 하늘 아래에서 우리는 일반 여행객들과는 다른 특별한 시간을 보냈다. 베트남 특유의 북적거림을 바라보며 이국적인 풍경에 넋을 놓거나, 우거진 녹음이 만들어낸 그늘 아래에서 바닷가를 바라보는 그런 순간도 물론 짧게나마 존재했다. 허나 그것은 이 여행의 목적이 아니었다. 여행이었지만 명확한 목적을 가진 시간 속에서 우리는 소개받은 선교사를 만났다. 베트남의 보육 상황에 대해 질문했고 현장을 돌며 우리가 할 있는 일에 대해 고민했다. 오랜 기간 베트남에서 생활한 선교사와 가장 현실적인 부분인 비용에 대해서도 가감없는 대화를 나누었다. 우리를 안내해 준 선교사는 말했다.

"어린이집을 필요로 하는 곳은 정말 많습니다. 제대로 된 보육 시설이 없는 것도 그렇지만, 열악한 환경에서 아이들을 돌보는 곳도 정말 많거든요. 이곳의 어린이들을 위해 좋은 일을 하시겠다고 해서 제가 이리저리 알아보았는데요. 새 건물을 짓는다고 하면 대략 우리 돈으로 1500만 원 정도의 예산이 필요할 것 같습니다."

많다면 많고 적다면 적은 비용이었다. 한 가지 확실한 것은 베트남의 어린이들에게 기본적인 교육의 기회를 제공하고 싶다는 마음이 있다면, 그리고 이러한 마음을 가진 사람이 여럿이라면 십시일반으로 충분히 가능한 일이라는 것이었다.

선교사의 말에 나는 나와 함께 베트남 여행길에 동행해 준 이들에게 다시 한 번 과감한 제안을 던졌다.

"이번 베트남 여행에 참가한 우리가 각자 200만 원씩 부담한다면 어린이집을 지을 수 있지 않겠습니까? 100만 원은 베트남 방문 경비로, 나머지 100만 원은 건설 비용으로 충당하는 겁니다.!"

나는 한 사람이 200만 원씩 부담한다면 베트남의 어린이들이 배움을 실천할 수 있는 공간을 지어줄 수 있는데 우리가 이 일을 해야 하지 않겠느냐고 말했다. 좋은 일을 해야겠다 마음을 먹고 베트남까지 온 이들이 마다할 리가 없었다. 그렇게 우리의 첫 프로젝트는 순로좁게 진행되었다.

첫 번째 어린이집 건립 국가로 베트남을 선택한 건 그저 우연이 아니었다. 그때도 지금도 수많은 베트남 여성들이 한국 남성과 결혼해 우리나라와 연을 맺고 있다. 보육 시설을 운영하다 보면 다문화사회로 전환되는 한국의 일면을 가까이에서 보고 경험하게 된다. 결혼이민여성의 증가로 인한 필연적인 사회적 변화에 대처하는 동시에 우리나라의 미래를 책임질 세대를 위해서라도 다문화가족지원정책은 필수다. 보육 현장 일선에서 일하는 이라면 누구나 이러한 변화를 위한 정책 지원이 마련되어야 한다고 말할 것이다. 게다가 베트남과 우리나라는 1960년대의 베트남전쟁에서 서로를 향해 총을 겨눈 슬픈 과거를 공유한 사이이기도 하다. 이미 빛바랜 기억처럼 느껴질지도 모르겠지만 전쟁으로 남긴 상처는 쉽게 아물지 않는다. 안타까웠던 과거의 아픔이 조금이나마 치유되기를, 그리고 지금의 관계에 더 큰 발전이 있기를 바라는 마음이 담겨 있는 선택이기도 했다.

첫 번째 어린이집 건립의 과정을 담백하게 서술해서 그 과정이 쉬워 보였을지 모르겠다. 하지만 세상 일이라는 게 그리 만만치 않다. 낳고 자란 곳에서 하는 도전도 힘들다고들 하는데 먼 이국에서 새로운 일을 시작한다는 게 어찌 쉽겠는가. 말 한 마디도 타인을 거치지 않으면 통하지 않는 곳에서 겪을 수 밖에 없는 어려움도 무수히 많았다. 그런데도 담담하게, 또 과장없이 당시의 일을 써내려간 이유는 이 활동이 특별하거나 대단하다는 느낌을 주고 싶지 않아서다. 오랜 시간 아이들 곁에서 성장의 기적을 지켜봐 온 사람이라면 이 또한 해야 할 일 그 이상도 이하도 아니다. 우리들이 평생 해 온 일을 국경 너머의 다른 곳에서 했다는 것 외에는 다를 바가 하나도 없는 것들 아닌가. 늘 해 오던 일, 익숙한 일, 그리고 잘하는 일. 그것을 통해 다시 한 번 좋은 일을 할 수 있도록 인도해 주신 하나님의 계획에 그때도 지금도 놀랄 따름이다.

해피아이국제봉사단의 창립

　타국에 규모가 있는 건물을 짓고 이후 일정 기간 동안 필요한 지원 활동을 전개하기 위해서는 조직적으로 움직여야 할 필요가 있다. 2009년 5월, 본격적인 해외 활동을 위한 「해피아이국제봉사단」을 창립했다. 그리고 「해피아이국제봉사단」은 2010년 3월 11일. 베트남 벤째성 메콩델타지역 탄푸현 앙귀에 첫 번째 어린이집을 세웠다.

　"베트남으로 한 번 가 봅시다!"

　하고 외친지 1년도 지나지 않은 시점이었다.

　하기로 마음 먹은 거 제대로 해 보자는 「해피아이국제봉사단」 회원들의 의지도 한몫 했겠지만 이 꿈의 실현을 가능하게 한 것은 수많은 이들의 협력 덕분이었다. 어린이들을 위한 배움의 장을 마련해 보자는 우리의 뜻에 많은 분들이 동조해 주었다. 「해피아이국제봉사단」 회원이 아닌 한국어린이총연합회 회원 여러분도 기쁜 마음으로 이 선행에 동참해 주셨다.

한국에서 뜨거운 마음으로 응원을 보냈다면 베트남 현지에서는 직접적인 행동으로 우리와 뜻을 함께해 준 고마운 분들이 있었다. 그렇게 기적의 제1호 「앙귀 어린이집」이 베트남의 한 곳에 굳건히 서게 되었다.

「해피아이국제봉사단」의 활동은 어린이집을 운영할 수 있는 건물을 짓는 것에 그치지 않았다. 장소가 마련하는 것은 기본적인 조건을 갖추었을 뿐이다. 「해피아이국제봉사단」에 몸담은 우리들이 그것을 모를 리 없다. 어린이집으로 기능하기 위한 최소한의 조건을 갖추기 위해서는 아이들을 위한 선생님과 교육 프로그램도 있어야만 한다. 이 모든 것들이 다 마련되었을 때 우리는 그곳을 어린이집이라고 부를 수 있다. 당연히 우리의 활동은 건물 짓기에서 끝날 수가 없었다.

「해피아이국제봉사단」에서는 두 차례에 걸쳐 교재와 교구를 지원했다. 물질적인 측면 뿐만 아니라 교육 방법에 대해서도 각자가 쌓아온 노하우를 전달하고자 애썼다. 언어의 벽 때문에 생각보다 수월하지는 않았지만 우리의 마음이 어느 정도는 닿았을 거라 확신한다.

새로 지은 건물, 새로 구입한 교재와 교구를 손에 든 아이들의 해맑은 미소만큼 큰 기쁨이 또 어디에 있을까. 불리하게 돌아가는 여론을 잠잠하게 만들어 보겠다는 초반의 목적은 아이들의 미소 안에서 말끔히 사라졌다. 아니, 때로는 그러한 일이 있어서 우리의 몸과 마음이 이곳에 닿았다고 생각하면 그때의 어려움이 감사하기만 하다. 도움이 필요한 곳에 우리가 잘할 수 있는 무언가를 통해 조금이나마 보탬이 되는 일이 얼마나 큰 기쁨과 행복으로 다가오는지! 경험한 사람만이 아는 보람과 충족감은 사람의 마음을 더 긍정적인 방향으로 이끈다. 우리만의 방식으로 작은 변화를 만들어 보고 싶다는 마음에서 시작한 어린이집 건립 사업은 「해피아이국제봉사단」라는 단체가 되었고, 이는 또 다른 행동으로 이어지는 디딤돌이 되었다.

베트남에 「해피아이국제봉사단」의 제1호 어린이집이 건립된 지 7개월 후, 우리는 제2호 「빈탄 어린이집」을 완성했다. 베트남 벤째성 메콩델타지역 쩌락현 빈탄면에 위치한 「빈탄 어린이집」도 제1호 「앙귀 어린이집」과 비슷한 밀림지대의 농촌지역으로 영유아를 위한 시설이 충분하지 않은 열악한 환경의 곳이었다.

앞 마당에 갖춘 부지에 「앙귀 어린이집」과 마찬가지로 시소, 미끄럼틀 등을 설치한 놀이터를 만들었다. 물탱크와 펌프도 설치해 아이들이 깨끗한 물을 이용할 수 있도록 했다. 건물 설비 외에도 두 차례에 걸친 교재, 교구 지원을 통해 영유아들이 놀고 익히는 공간이 되었다. 그렇게 우리들의 뜻과 노력은 차근차근 형태를 갖추어 나갔다.

모든 일이 그렇듯 시작 전에는 두려움이 컸다. 타국에서 보육 시설을 건립하는 일이 말처럼 쉬울 리가 없기 때문이다. 한국에서도 쉬운 일이 아닌데 하물며 말도 안 통하는 외국에서는 어떻겠는가. 허나 두 번의 경험은 우리에게 자신감과 용기를 심어 주었다. 무엇보다도 우리의 행동이 누군가에게 비교할 수 없는 기쁨이 된다는 걸 실감하였으니 주저할 필요가 없었다. 그리고 그 결과는 제3호 어린이집으로 완성되었다. 2호인 「앙귀 어린이집」 건립 이후 8개월 만의 쾌거였다. 벤째성 메콩델타지역 모까이남 빈칸동면에 영유아들을 위한 보금자리 하나가 생긴 것이다. 제3호 「빈칸동 어린이집」은 다시 한 번 하나님이 보내신 일꾼들에 의해 모습을 갖추었다. 무엇보다 가건물에서 운영되었던 보육 시설이 「해피아이국제봉사단」의 활동을 통해 아이들이 안전한 환경에서 지낼 수 있게 되었다는 것에 대한 보람은 이루 말할 수 없었다.

재창립을 통해 활동 의의를 확인한 해피아이!

「해피아이국제봉사단」은 계속해서 어린이집 건립을 추진했다. 2011년 11월에는 베트남 벤째성 메콩델타지역 용쫌현 릉호아면 4부락에 제4호 「릉호아어린이집」과 베트남 벤째성 메콩델타지역 탄푸현 터이탄면 30부락에 제5호 「터이탄 어린이집」을 완성했다. 같은 시기에 다른 두 지역에서 어린이집을 건립했다는 것은 「해피아이국제봉사단」이라는 조직이 존재 목적을 이해하고 제대로 기능했기에 가능한 일이었다. 무엇보다도 1호-3호 어린이집 건립을 통해 현지 상황을 피부로 경험했고 우리의 소소한 노력이 각 지역에 어떠한 열매를 맺는지 확인했기에 주저할 이유가 없었다. 도움이 필요한 곳에 힘닿는데까지 해보겠다는 의지는 추진력으로 작용했고 「해피아이국제봉사단」은 처음에는 예상치도 못한 성과를 거두었다.

이때까지만 해도 「해피아이국제봉사단」은 한국어린이집총

연합회 내부에서 결성된 단체로 정식의 인가나 허가를 받지 않았었다. 총연합회 회원들이 순수하게 뜻을 모아 결성된 것으로 여행을 겸한 봉사활동단체 정도의 성격을 가지고 있었다. 그렇다 보니 어린이집 건립 장소 선정과 추진 과정에 있어서 따라야 할 절차 따위도 없었다. 돕고 싶다는 순수한 의도로 움직여온 단체가 바로「해피아이국제봉사단」인 것이다.

하지만 2012년 이후「해피아이국제봉사단」에도 변화가 찾아왔다. 나의 한국어린이집총연합회 회장 임기가 끝난 것이다. 같은 해 3월 제10대 회장이 취임했고 9대 회장인 내 역할도 마침표를 찍었다.

회장이었던 나를 주축으로 활동을 전개했던「해피아이국제봉사단」에도 의도하지 않은 변화가 찾아왔다. 무엇보다 새로운 회장 체제 아래에서 이전과 같은 활동이 힘들다는 건 모두가 주지하고 있었다. 당시「해피아이국제봉사단」활동은 시작된 지 얼마 되지 않을 때였고 활동 내용과 형식, 범위에 대해서 현상 유지를 원하는 회원들이 많았다. 무엇보다 어린이집 건립 봉사 활동이 이대로 끝나길 원하지 않았다.

2012년 6월,「해피아이국제봉사단」은 한국어린이집총연합회 내부에 있는 모임 그 이상으로 거듭나기 위해 전남 장흥군 정남진리조트에서 1박 2일에 걸친 재창립회총회를 가졌다. 재창립총회 장소가 장흥으로 결정된 것은 내 안에 있던 일종의 책임감 때문이었다. 「해피아이국제봉사단」의 시작부터 지금까지 구심점 역할을 해온 이상 다음 단계로 나아가는 봉사단의 흐름을 두고 볼 수 만은 없었다. 게다가 「해피아이국제봉사단」의 활동이 얼마나 의미있는 것인지 직접 경험해 왔기에 어린이집 짓기 봉사가 계속되길 바랐다. 또 지금까지 뜻을 함께 해 온 회원들과 함께하는 시간을 갖고 싶은 마음도 있었다. 그래서 나는 장소를 장흥으로 정하고 재창립을 염원한 회원들을 초대했다.

소중한 이들을 내가 사는 남도의 끝자락으로 모셨는데 어찌 두고만 볼 수 있겠는가. 다른 건 몰라도 1박2일의 기간 동안 맛있는 남도 음식을 대접하고 싶은 마음에 나는 아내에게 뻔뻔한 부탁을 했다.

"40명이 넘는 사람들이 장흥으로 올텐데 그래도 우리가 식사는 대접해야 하지 않겠어요. 이렇게 많은 사람들을 매번 식당으로 데려갈 수도 없는 노릇이고요. 번거롭겠지만 당신이 솜씨를 발휘해 주시오."

여행으로 1박 2일은 그다지 긴 기간이 아니다. 하지만 끼니로 따지자면 적어도 세 번 혹은 네 번의 식사를 하게 된다. 2-3명의 식사를 서너 번 챙기는 것도 힘든데 대략 50여 명 정도 되는 인원의 1박 2일 식사 준비는 정말이지 손이 많이 가는 일이다. 뻔뻔하게도 나는 힘든 일을 아내에게 부탁했다.

수십 년에 걸쳐 어린이집을 운영해 온 경험이 있어 다수의 식사를 준비하는 일에 생소하지 않다고는 하나 그래도 많은 손님을 대접하는 일이니 결코 쉬운 일은 아니다. 하지만 아내는 흔쾌히 받아들였다. 요즘처럼 뷔페 서비스를 전문적으로 제공하는 업체도 찾기 힘들던 그때, 내가 기댈 곳은 아내 밖에 없었다. 감사하게도 몇몇 교인분들이 아내를 도와 식사 준비를 도맡아 주었다. 그리고 늘 그랬듯이 정성을 다해 반찬 하나하나를 손수 만들었다. 전라도 손맛에 마음까지 깃든 음식이니 맛이 있을 수 밖에 없다.

"단장님. 전라도에 오면 음식을 기대할 수 밖에 없다고 하지만 그렇게 맛있는 식사를 매번 하게 될 줄은 정말 몰랐습니다!"

나의 제안에 전국에서 한달음에 달려온 회원들은 지금도 그때의 아내 손맛을 이야기한다. 아내의 음식 내조에 대한 지인들, 회원들의 반응을 접할 때마다 아내의 이마에 맺힌 땀방울이 떠오른다. 남편의 말도 안 되는 부탁을 받아들이고 묵묵히 일한 아내의 고생이 없었다면 재창립총회와 이후 「해피아이국제봉사단」에서의 나의 활동도 불가능했을 것이다. 아내의 이해와 협력 덕분에 1박 2일간의 재창립총회에서 45명의 회원은 다시 한 번 서로의 생각과 뜻을 확인하며 더욱 돈독해졌다.

해피아이국제봉사단 재창립 총회(제3차 정기세미나)

　새로 시작하겠다는 다짐은 재창립총회 한달 후에 열린 「해피아이국제봉사단 1차 정기이사회」에서 명확한 비전 제시와 계획으로 이어졌다. 2012년 7월 25일, 서울시티타워에서 열린 1차 정기이사회에서는 명칭 변경을 시작으로 봉사 단체로서의 구체적인 계획과 방법을 회원들과 공유했다. 기존의 「해피아이국제봉사단」에서 「해피아이국제보육봉사단」이라는 새로운 명칭 아래 다양한 시도를 꾀했다. 「보육」이라는 단어를 넣어 단순한 봉사단체가 아닌, 보육 분야와 관련한 전문성을 보유한 단체임을 확실하게 명기했다. 명칭 변경으로 인해 창립 취지와 활동 목적 또한 단체명만으로도 명확하게 표현할 수 있게 된 것이다. 명칭 변경 뿐만이 아니다. 「해피아이국제보육봉사단」의 철학을 응축한 슬로건도 발표했다.

「나눔이 있는 행복한 보육, 더 큰 대한민국이 됩니다」
「나눔이 있는 보육, 꿈꿀 수 있는 세상」

위 두 문장은 「해피아이국제보육봉사단」의 핵심을 담고 있다. 창립 취지와 더불어 보육과 연관되는 사회적 과제에 적극적으로 대처하겠다는 자세, 그리고 보육 현장의 변화와 보육을 통한 세계화 등의 활동 목표를 두 문장으로 응축한 것이다.

제6호 탄러이 어린이집 준공식

정기총회는 「해피아이국제보육봉사단」의 새 출발을 선포하고 구체적인 방향성을 제시했다. 2012년 8월에 베트남 빈롱성 탄러이면에 건립될 제6호 「탄러이 어린이집」의 건립 현황 발표를 시작으로 국내 농어촌의 다문화가족을 위한 특별 프로그램 실시 결과, 대한예수교장로교 통합세계선교부와 업무 협약 체결(2년), 소액기부 활성화를 통한 정기적인 기부 시스템을 구축하여 매년 2개소의 건립을 목표로 한다는 계획 등 「해피아이국제보육봉사단」의 청사진을 세세하게 그려 나갔다. 다양한 후원 참여 방안을 모색하여 회원은 물론이고 어린이집 보육 교직원들도 부담없이 기부 활동에 일조할 수 있도록 했다. 기부와 봉사가 결코 어려운 일이 아님을, 작은 실천 만으로도 가능하다는 사실을 널리 알리자는 뜻을 재차 확인한 것이다. 회원들이 여러 방면으로 생각해 낸 다양한 기부 방법 중 동전 모으기 캠페인은 작은 실천에 방점을 찍은 방법 중 하나라 하겠다. 원생들도 참여할 수 있는 동전 모으기 캠페인이야 말로 '티끌 모아 태산'이라는 한 마디의 실천이자 금액의 많고 적음이 아닌 마음이야말로 기부의 핵심이라는 것을 제대로 보여주는 방법이기 때문이다. 수많은 기부 방법이 존재하지만 중요한 것은 더불어 살겠다는 의지를 실천하는 일이다. 정기총회를 계기로 봉사단은 물론이요, 회원 한 사람 한 사람이 봉사 활동의 의의를 되새기게 되었다. 우리만이 할 수 있는 일이 있다면, 그리고 도움이 필요한 곳이 있다면 기꺼이 그곳으로 향하겠다는 다짐! 다시 태어난 「해피아이국제보육봉사단」은 이전보다 더 단단해진 결속력과 행동력으로 활동을 전개해 나갔다.

베트남 어린이집 건립

빈롱성 공식방문

정직하게! 그리고 투명하게!

봉사 활동의 지속을 위한 목적 외에도 「해피아이국제보육봉사단」이라는 단체의 투명성 확보를 위해 봉사단의 운영 방식을 명확히 해야 했다. 「봉사」에 방점을 찍기 위해서라도 후원금의 사용처가 초창기 구심점이었던 어린이집총연합회 회장단과 연관 되어서는 안 되었다. 만약 회장단을 중심으로 단체 후원금이 운용되고 기금의 일부가 회장단의 활동에 사용된다면 순수한 봉사 활동을 위한 단체라 할 수 없다. 후원금은 온전히 어린이집 건립에 쓰여야 한다. 그것이 순리이고 올바른 처사라는 것은 누구나 동의할 것이다. 나는 후원금 운용 방식에 존재할 수 밖에 없는 '모호한 부분'에 뚜렷하고 명확한 선을 그어야겠다고 생각했다.

"후원금은 오직 어린이집 건립이라는 목적에만 사용합시다. 제아무리 봉사단 활동을 위해서라고 해도 동남아시아 방문 경비는 개인이 부담하고 후원금은 온전히 건립에만 쓰일 수 있도록 해야 한다고 봅니다. 마음이 담긴 후원금이 다른 목적에 쓰여서는 안 되는 것 아니겠습니까!"

어찌보면 좀 억지일 수도 있는 주장이었다. 실상 세상의 많은 봉사단체가 조직 운영을 위해 후원금의 일부를 사용하고 있으니 「해피아이국제보육봉사단」이 비슷한 방식으로 운영된다고 해서 문제될 건 없었다. 하지만 사소한 일로 우리의 활동이 퇴색되는 일은 막고 싶었다. 가끔은 별것 아닐 수도 있는 무언가가 핵심을 무너뜨리기 때문이다. 무엇보다도 세상이 다 그러하기에 우리도 그렇게 해도 된다는 안이한 생각으로 「해피아이국제보육봉사단」을 이끌고 싶지 않았다. 「해피아이국제보육봉사단」을 이만큼 키워온 회원들의 인내와 노고, 그리고 이제 겨우 우리의 봉사 활동이 지닌 가치를 피부로 느끼고 자부심을 갖게 되었는데 사사로운 티끌 하나 때문에 이 모든 것이 한순간에 무너질 수 있다 생각하면 무엇하나 허투루 생각할 수가 없었다. 그리고 우리는 기독교인들이 아닌가. 기독교 정신을 바탕으로 지금까지 달려온 「해피아이국제보육봉사단」이 세상의 다른 봉사 단체처럼 헌신과 희생보다 실속과 성과를 앞세운다는 것은 어불성설이다. 세상의 기준이 아닌 하늘의 기준으로 운영하고 또 섬겨야 한다고 생각한다면 위와 같은 방침은 어찌보면 당연한 일일 것이다.

당시 나의 제안은 큰 문제 없이 받아들여졌고 이후 우리는

100% 자부담으로 동남아 비행기에 몸을 싣게 되었다. 어린이집의 무사 건립을 위해 1년에 네 다섯 번씩 베트남이나 미얀마로 향하게 되면 대략 1천만 원 정도 경비가 소요될 때도 있었다. 부담이 없다면 거짓말이다. 그럼에도 꾸준히 봉사 활동에 참여하는 이들이 있는 것은 이 활동의 진정한 뜻과 가치를 이해하기 때문이다.

현지 선교사가 운영하는 어린이집

후원금 운용과 더불어 확실하게 하고 싶었던 또 하나는 어린이집의 관리 부분이었다. 한국에서 뜻을 모아 기금을 보내 건물을 지었다고 해도 어린이집의 운영과 관리가 제대로 이루어지지 않는다면 이는 성공적인 어린이집 건립이라 할 수 없다. 동남아 국가의 한 지자체를 통해 어린이집 건립 부지를 선정하고 건물을 지었지만 태풍으로 엉망이 된 곳을 마주했을 때의 허탈함은 말로 표현할 수 없었다. 결국 이렇게 되고 말 일에 정성과 노력을 쏟았던가 하는 씁쓸함과 허망함도 밀려왔다. 그때 책임을 가지고 어린이집을 관리/운영해 줄 사람이 필요하다는 사실을 깨달았다. 문제는 외국에 위치한 어린이집을 믿고 맡길만한 사람을 찾을 수 있는가 하는 부분이었다. 실패를 통해 알게 된 사실 하나는 지자체에 운영과 관리를 맡겨서는 안 된다는 것이었다.

그때 떠오른 것이 바로 선교사였다. 선교사를 통한 어린이집의 건립과 관리는 이미 경험한 바가 있었다. 어린이집을 체계적으로 관리하기 위해 선교사와의 협력 관계 또한 투명하게 관리할 필요가 있었다. 그렇게 생각해 낸 방법이 해외 선교국과의 MOU를 통한 후원 형식이었다. 선교사 개인과 일을 처리하는것이 아닌 해외 선교국을 기점으로 설립 장소를 물색하고 후원금을 전달하는 방식으로 전환하기로 한 것이다. 이는 어린이집 관리와 운영에 안정을 가져왔다. 상위 조직의 개입은 또 다른 이점과도 연결되었다. 우리 한국인 선교사들이 현지에서 지역 주민들과의 관계를 형성하는 일은 결코 쉽지 않다. 어떤 방식으로 현지의 주민들과 거리를 좁히고 그들의 신뢰를 얻어야 할지는 선교사들이 가진 큰 숙제 중 하나였다. 「해피아이국제보육봉사단」은 선교사라면 누구나 겪는 이런 부분의 해결책이 되었다. 우리가 건립한 어린이집이 선교사와 현지 주민을 잇는 연결고리로 작용한 것이다.

"어린이집 덕분에 주민 분들과 마주하게 되는 경우가 많아졌습니다. 특히 원아들의 부모님들과는 꾸준히 이야기도 하고 교류도 하게 되었는데 어린이집을 운영하지 않았다면 절대 불가능한 일이에요."

어린이집 운영과 관리를 맡게 된 선교사들에게 이런 말을 들었을 때 한 가지 확신이 나를 감쌌다. 총연합회에서 귀한 인연을 만나 「해피아이국제보육봉사단」라는 단체를 만들고 타국에 어린이집을 짓게 되었는지 그 이유를 강렬히 느끼게 된 것이다.

　이뿐만이 아니다.「해피아이국제보육봉사단」을 기점으로 동남아시아에서 하나님의 뜻을 실천하는 많은 선교사분들과 인연을 맺게 되었다는 것도 큰 수확 중 하나다. 임동진 부단장(현 단장)을 통해 오태근 목사님을 만나 믿음과 봉사에 대해 많은 것을 배웠다. 인도네시아에서 헌신하겠다며 찾아 온 박준호 목사님은 어린이집 건립 과정에서 큰 역할을 담당했다.「해피아이국제보육봉사단」이 없었다면 이분들과 만날 계기조차 없었을 것이다. 게다가 우리는 그저 그렇게 알고 지내는 관계가 아니다. 타국에서 여러 고비를 함께했고 믿음과 실천의 과정을 공유했다.

　이러한 일을 위해 하나님께서「해피아이국제보육봉사단」라는 단체를 만드셨다는 것을 깨닫게 되자 단체의 운영을 허투루 할 수 없었다.「해피아이국제보육봉사단」의 일은 단순히 우리의 지식과 경험을 나누는 일 그 이상의 뜻을 가진다는 걸 이해하게 되었기 때문이다. 그래서일까. 주변에서 선교사로 헌신하게 되었다는 이야기를 들으면 그저 지나칠 수 없게 되었다. 어쩌면「해피아이국제보육봉사단」이 그분들의 선교에 도움이 될 수 있기 때문이다. 선교를 위해 인도네시아로 가게 되었다고 지인이 찾아왔을 때도「해피아이국제보육봉사단」의 이야기를 꺼냈고 그 인연으로 인도네시아에 다섯 채의 어린이집을 건립했다. 이렇게 선교 활동과 밀접하게 연관된 「해피아이국제보육봉사단」의 뜻을 이해하기까지는 한참의 시간이 걸렸지만 이제는 그 누구보다 우리 활동의 목적과 뜻을 확신한다.

넓은 세계로 뻗어나가는 해피아이

베트남에 집중적으로 어린이집을 짓고 나서 얼마 되지 않았을 때의 일이었다.

"시야를 좀 넓혀 봅시다. 우리의 도움이 필요한 곳이 더 많을 겁니다."

영유아를 위한 시설 부족이라는 상황은 베트남에 국한되지 않는다. 재창립으로 새롭게 태어난 「해피아이 국제보육봉사단」은 베트남에 이어 미얀마에 시선을 돌렸다. 미얀마 현지 선교사를 통해서 어린이집 시설이 필요한 곳을 선정했고 같은 해인 2012년 11월에 미얀마 1호 어린이집을 완성했다. 「해피아이국제보육봉사단」의 제7호 어린이집이자 미얀마의 첫 어린이집인 「다곤 어린이집」은 미얀마 양곤시 외곽의 다곤지역으로 도시 철거민 집단시설 지구 내에 위치해 있다. 영유아뿐만이 아니라 방과 후의 아동들을 위한 공간으로도 활용되었다.

베트남도 그러했지만 미얀마에서의 첫 시도 또한 결코 순탄하지 않았다. 미얀마의 의무 교육은 무료지만 빈곤한 사람들에게는 무료 교육마저 먼 이야기의 일이다. 혹여 부모가 자녀 교육에 관심을 갖는다 해도 어린이들을 수용할 시설이 넉넉지 않아 진학률도 낮은 편이다. 다행히 불교 국가라는 특징 덕분에 어린이들은 사원에서 비정기적인 교육을 받을 수 있고 그래서 문맹률 또한 그다지 높지 않다. 하지만 앞서 설명했듯 교육 기관이 많지 않은 관계로 어린이들을 위한 체계적인 교육은 이루어지지 않고 있는 것이 당시 미얀마의 실정이었다. 이러한 미얀마의 상황에 미력하지만 도움이 되고 싶다는 마음으로 「해피아이국제보육봉사단」은 2012년 재창립 기념사업 일환으로 미얀마 어린이집 건립을 추진했다. 자금은 회원들의 기부로 충당했다.

제8호 미얀마 다곤어린이집 준공식

건립을 진행하는 데 있어 우리의 발목을 잡았던 것은 미얀마의 기후 여건이었다. 미얀마의 우기는 우리의 장마와는 차원이 다른 거센 빗줄기였다. 이 또한 하나님께서 빚으신 오묘한 자연의 섭리라는 걸 머리로는 이해했지만 우리는 발을 동동 구를 수 밖에 없었다. 그 누가 하나님이 설계하신 자연의 흐름을 이길 수 있겠는가. 자연의 흐름을 역행해 봤자 좋을 것이 없다는 것은 미얀마 사람들이 더 잘 알고 있었다. 미얀마에서는 우기 기간동안에는 건축 행위가 금지되어 있다. 당연한 조치라는 걸 머리로는 이해했지만 하루라도 빨리 좋은 환경에서 아이들이 뛰놀고 배움의 기회를 가졌으면 하는 마음은 그저 애타기만 했다. 5개월간의 우기 기간동안 우리는 기도로 인내했고 또 버텼다. 우기라는 자연 현상 이외에도 부지 매입, 건축비와 운영비 지원 등을 진행하는 과정에서 여러 제약이 우리 앞을 가로막았다. 그때 하나님께서는 현지 선교사를 통해 도움을 주셨고 무사히 기존 건물을 매입해 미얀마의 첫 어린이집을 완성하게 되었다.

예상하지 못한 현지 사정이 거듭 우리를 좌절로 이끌었지만 그래서 더욱 소중하고 아름다운 어린이집이 만들어졌다. 어쩌면 우여곡절이라는 은혜가 있어 어린이집에서 흘러나오는 아이들의 노랫소리가 소중하게 들리는지도 모르겠다.

인생을 되돌아보게 하는 어린이집

「해피아이국제보육봉사단」이 창단된 이후 회원들의 한마음 한뜻으로 영유아들을 위한 공간을 지어왔다. 베트남에 이어 미얀마로 활동 영역을 확장했고 우리가 할 수 있는 일로 세상에 긍정적인 변화를 가져오겠다는 뜻도 점점 힘을 얻어갔다. 다함께 어린이집을 짓는 것도 뜻깊은 일임이 분명했지만 타국의 어린이집과 회원들간의 유대감이 더 깊어진다면 이 모든 일이 더 오래토록 기억에 남고 또 의미있지 않을까.

"칠순 기념으로 어린이집을 지어볼까 합니다!"
나는 나와 타국의 어린이집이 특별한 관계가 되길 원했다. 단체 활동으로 얻어진 결과물이 아니라 조금 더 가깝고 애정이 가는 대상이 되길 원했다. 그래서 나의 칠순을 어린이집 건립으로 기념하기로 했다. 물론 처음에는 많은 이들이 그렇듯 자녀들의 진두지휘 아래 칠순잔치를 할 예정이었다. 호텔을 빌려 지인들을 초대하고 국립민속국악원에서 아쟁을 연주하는 큰며느리가 우리나라 전통 선율을 들려준다면 더 없이 행복하고 좋은 자리가 되었을 것이다. 나를 아끼고 사랑하는 사람들의 축하 속에서 맞이하는 칠순! 이 얼마나 행복한 순간이겠는가. 하지만 나는 칠순 잔치에 대해 이런저런 생각을 내놓는 자녀들에게 말했다.

"너희가 칠순 잔치 예산을 어느 정도 생각하는지 모르겠다만, 그걸 나에게 주면 안되겠냐. 잔치도 좋지만 난 그 돈으로 어린이집을 짓고 싶다!"

나의 유난한 고집에 딴 말을 보태지 않고 내 뜻을 따라준 가족에게 지금도 그저 고마운 마음 뿐이다.

나의 칠순 기념이자 제9호 어린이집은 2013년 1월 베트남 빈롱성 빈떤현 떤안탄면 안탄리에 지어졌다. 「안탄 어린이집」은 메콩강 삼각주 내륙 깊은 밀림의 농촌 마을에 위치한 마을에 지어졌다. 유난한 칠순 기념이라고 생각하는 사람이 있을지도 모르겠다. 하지만 나는 지금도 이 결정에 자부심을 느낀다. 「해피아이국제보육봉사단」의 존재와 행보가 그저 '모두가 함께 한마음 한뜻으로 이룬 좋은 일'에 끝나지 않았기 때문이다. 칠순 기념이라는 계기로 어린이집 건립을 추진하기는 했지만 이는 단순한 기념 행위가 아니다. 나의 인생을 되돌아보게 하는 동시에 지금까지의 발자취를 망라하는 상징이자 앞으로의 삶을 위한 원동력이라고 생각한다. 그래서 일까. 지금도 「안탄 어린이집」을 떠올리면 마음이 뜨거워진다. 지난 날의 결정과 실천이 헛되지 않았음을, 여전히 누군가를 위해 무엇이든 할 수 있음을 나에게 끊임없이 알려주기 때문이다.

더욱 놀라운 것은 나의 지극히 개인적인 결정이 이후 「해피아이국제보육봉사단」 활동에 영향을 끼쳤다는 사실이다. 2013년 5월 베트남 하노이시 동아잉현 위노면 낑노리에 지어진 제9호 「동아잉 금풍 어린이집」은 「해피아이국제보육봉사단」 회원 한 명이 온전히 후원해 지어진 곳이다. 송부선 제2대 해피아이 단장님은 「해피아이국제보육봉사단」을 통해 기부금으로 원하는 국가와 지역을 선정하여 어린이집을 건립했다. 이제는 고인이 된 영암 삼호 임명옥 삼호어린이집 원

장님은 베트남과 캄보디아에 어린이집을 설립하셨다. 교회 장로로서 「해피아이국제보육봉사단」에서도 솔선을 한 것은 물론이요, 지역 사회에서도 꾸준히 선행을 베풀어오신 분이다. 그 분의 뜻이 동남아시아에도 뿌리를 내렸다 생각하면 가슴이 찡해진다.

화순 초록어린이집 김경자 원장님도 미얀마에 어린이집을 설립하셨고 서울 황은식 원장님과 비봉회원들도 캄보디아 어린이집 건립에 앞장섰다. 「해피아이국제보육봉사단」이렇게 단체로 움직이는 방식에서 더 나아가 개개인의 기부 활동을 어린이집 기증으로 연결하는 역할도 담당할 수 있게 된 것이다. 「해피아이국제보육봉사단」이라는 단체의 가능성을 넓혔다는 부분에서도 칠순 기념 어린이집 건립 아이디어는 시기적절한 제안이었다고 생각한다. 단체의 활동 영역을 넓히고 다양한 참여 방법을 모색했다는 점에서도 그렇지만 개인적으로는 아름다운 분들과 인연을 맺고 덕분에 좋은 일을 더 많이 할 수 있게 된 계기가 되었다는 점에서 어린이집 건립은 남다른 의미를 지닌 활동이라 하겠다.

전문성, 지속성, 투명성을 추구하는 해피아이

한국어린이집총연합회의 이미지 쇄신을 위해「해피아이국제보육봉사단」의 활동을 제안한지 얼마되지 않았을 때였다. 초반의 활동 의도는 악화된 여론을 바꾸기 위한 장기적인 계획의 일환이었으나 봉사 활동인만큼 신중하게 접근해야겠다는 생각이 들었다. 막연한 뜻을 가지고 행동에 옮기기보다는 좀 더 근본적으로, 체계적으로 이해하기 위해 봉사 활동을 연구하는 교수님 한 분을 초청했다. 솔직히 말하면 꽤 오래 전의 일이라 그분이 무슨 말씀을 하셨는지 세세하게 기억나지는 않는다. 하지만 지금도 강렬하게 뇌리에 남는 세 단어가 있다. 바로「전문성」,「투명성」,「지속성」이다. 이 세 단어를 기준으로「해피아이국제보육봉사단」을 판단했을 때「지속성」이 관건이었다.「전문성」이야 말할 것도 없고「투명성」을 걱정할 정도로 큰 조직이 아니었으며 무엇보다 회원들의 주머니에서 나오는 자금으로 진행하는 경우가 많아서「해피아이국제보육봉사단」 활동에서는 크게 걱정해야 할 부분은 아니었다. 하지만 「지속성」은 달랐다. 이는 노력과 끈기를 요하는 것으로 봉사 활동의 근본적인 정의와 맞닿아 있다.

"한 번 하는 것은 이벤트지 봉사가 아닙니다."

봉사활동에 대한 교수님의 설명은 「지속성」의 중요성을 깨닫게 했다. 어쩌다가 시작한 것이 아닌, 분명한 목표와 목적의식을 가진 활동이 되게 하기 위해서는 계속 해나가는 것이 유일한 방법이었던 것이다. 「해피아이국제보육봉사단」의 재창립과 칠순 기념 어린이집 건립도 「지속성」과 연결되어 있다. 이런저런 말에 휘둘리고 분위기에 휩쓸려서 하는 것이 아닌, 회원 한 사람 한 사람이 나름의 뜻을 품고 하는 봉사 활동이 「해피아이국제보육봉사단」이라는 형태로 자리잡길 원했다.

다행히도 나의 이런 소망은 말로 강조하지 않아도 회원들에게 전해졌다. 아니, 유유상종이라고 다들 나와 같은 생각이기에 「해피아이국제보육봉사단」의 활동이 지금까지 이어져 오고 있는 것이리라.

누군가를 도울 수 있다는 것, 쓰임 받을 수 있다는 것의 기쁨은 경험해 본 자만이 안다. 우리 회원들도 「해피아이국제보육봉사단」의 활동을 하면 할수록 커지는 기쁨과 보람을 오롯이 느꼈을 것이다. 기쁨, 벅참, 환희를 더 많은 사람들과 나누고 싶다는 마음은 강렬한 마음은 제10호 어린이집의 건립으로 이어졌다.

제10호 어린이집은 베트남과 미얀마가 아닌 캄보디아에 건설되었다. 캄보디아의 수도인 프놈펜시에서 12km 떨어진 곳에 위치한 껀덜도 끼인스와이군 쁘렉아엥 마을에 지어진 「쁘렉아엥 평화 어린이집」은 2014년 1월에 완성되었다. 캄보디아 현지 선교법인단체의 오태근 선교사를 통해 저소득층 주거지를 중심으로 건립 장소를 물색했고 보육 인프라 환경이 열악한 쁘렉아엥 마을에 최상의 보육 환경을 구축한 것이다. 제10호 「쁘렉아엥 평화 어린이집」은 지금까지의 어린이집과는 다른 특별함을 가지고 있다. 이제까지의 어린이집이 「해피아이국제보육봉사단」 단원 개개인이 뜻을 가지고 자금을 지원하여 건립되었다고 하면 「쁘렉아엥 평화 어린이집」은 단원들이 운영하는 어린이집에서 저금통 동전모으기 캠페인을 기반으로 완성되었다.

이렇듯 회원 개개인의 정성과 뜻이 담긴 어린이집은 계속해서 건립되었다. 영광어린이집 이근철 회장님과 전국 법인분과 회장님은 캄보디아 어린이집 설립에 도움을 주셨다. 화순 초록어린이집법인 김경자 회장님은 미얀마 어린이집에 힘을 보태셨다. 서울 황은식 원장님과 비봉 회원님들도 캄보디아 어린이집에 솔선수범하셨다.

  많은 이들의 마음이 담긴 어린이집! 과정의 처음부터 끝까지 애정을 가지고 지켜보며 후원한 이들의 뜻이 오롯이 담긴 그곳에서 자라날 새싹들의 웃음과 행복이 지닌 가능성을 상상할 때마다 감당할 수 없는 환희가 차오른다. 그리고 어린이집을 시작으로 펼쳐질 밝은 미래를 상상하면 여전히 심장이 두근거린다.

Introduction

목표 전략

목 표
보육의식개선 + 국위선양 + 글로벌 보육문화 선도

추진전략
□ 민간중심 □ 자발적 참여 □ 각계각층 참여 인프라 구축

역점사업

- 보육의식 개선
  ① 윤리의식
  ② 전문성 제고
  ③ 사명감 고취
  ④ 나눔봉사

- 아시아 저개발국 희망의 어린이집 짓기
  ⑤ 희망의 어린이집 짓기운동
  ⑥ 교재·교구지원
  ⑦ 프로그램 및 교수 전수
  ⑧ 교류협력 강화

- 다문화가족에 대한 보육서비스 지원
  ⑨ 다문화가족 정주의식 제고
  ⑩ 다문화보육 프로그램 개발
  ⑪ 한국정신문화 고양
  ⑫ 다문화보육 정책개선, 개발

활동 내역

어린이집 건립 및 활동 연혁

'18
- 제21호 해피아이어린이집 건립-필리핀 마닐라
- 제20호 해피아이어린이집 건립-인도네시아 반둥
- 제19호 해피아이어린이집 건립-인도네시아 말랑
- 어린이집 건립 기금 동전모금-18,087,020원

'17
- 제18호 해피아이어린이집 건립-캄보디아 엄레앙 스누얼
- 제17호 해피아이어린이집 건립-인도네시아 자카르타
- 제2대 송부선 단장 취임식

'16
- 제16호 해피아이어린이집 건립-인도네시아 파룽
- 2016 국제보육포럼 개최(IEFK, 13개국 초청)
- 제15호 해피아이어린이집 건립-캄보디아 로까
- 제14호 해피아이어린이집 건립-라오스 비엔티안

'15
- 기부금 대상 민간단체 등록
- 청소년자원봉사(Dovol), VMS365 관리센터 지정
- 한베가족협회와 MOU 체결 외 다수
- 베트남 장애아동복지재단에 어린이집 건립 기금 전달

'14
- 비영리 민간단체 등록(보건복지부 제195호)
- 제13호 해피아이 어린이집 건립-캄보디아 껌뽕톰
- 제12호 해피아이 어린이집 건립-캄보디아 쁘렉아엥
- 제11호 해피아이 어린이집 건립-캄보디아 트마이

활동 내역

어린이집 건립 및 활동 연혁

'13
제10호 해피아이어린이집 건립-베트남 빈롱성 떤안딴
제09호 해피아이어린이집 건립-베트남 하노이
어린이집 건립 기금 동전모금-22,187,500원

'12
농어촌 다문화가정「바다의 날」행사체험(국토해양부)
대한예수교장로회 총회 세계선교부와 MOU 체결
제08호 해피아이어린이집 건립-베트남 빈롱성 단쭝
제07호 해피아이어린이집 건립-미얀마 양곤
제06호 해피아이어린이집 건립-베트남 빈롱성 탄러이

'11
베트남 벤째대학과 보육정책,보육프로그램 MOU 체결
다문화가족 자녀 지원을 위한 업무협약(여성가족부)
제05호 해피아이어린이집 건립-베트남 벤째성 터이탄
제04호 해피아이어린이집 건립-베트남 벤째성 릉호아
제03호 해피아이어린이집 건립-베트남 벤째성 빈칸동

'10
농어촌 다문화가정 서울기차여행(후원 코레일)
제02호 해피아이어린이집 건립-베트남 벤째성 빈탄
제01호 해피아이어린이집 건립-베트남 벤째성 앙귀
여성결혼이민자 모국(친정) 방문 지원(아시아나항공)
서울 신학대학교와 MOU 체결(2009)
강원, 전남, 제주도 도서보급지원-3,000권(2009)
해피아이국제보육봉사단 창립-단장 윤덕현(2009)

업 무 연 락

수 신 : 캄보디아 방문자 윤덕현, 문철호, 김지석, 한재금, 백연순, 최원석
제 목 : 캄보디아 쁘렉아엥 평화어린이집 준공식 및 일정

○ 준 공 식 : 2014년 1월 8일
○ 소 재 지 : 캄보디아 수도 프놈펜 외각 15km 지점
○ 주   소 : 캄보디아 껀덜도 끼인스와군 쁘렉아엥 마을
○ 구   조 : 건평 약 30평 / 교실 2 / 화장실 2 / 교무실 1 / 기타
○ 소요예산 : 23,300$ (약 25,600,000)

- 현지 일정 -

* 1월 7일 인천출발(오후) 프놈펜 도착 ▶ 호텔 이동 (숙박)
* 1월 8일 09:00 ▶ 평화어린이집 이동 오전행사 진행(40분) /
          14:00 ▶ 유적지 및 박물관 등 문화 탐방
* 1월 9일 07:30 ▶ 쯔러르싸이 초등학교 방문(3시간 30분) /
          14:30 ▶ 신규 신축 대상지역 이동 현지조사(2시간30분)
* 1월 10일 09:00 ▶ 왕궁 및 재래시장 방문 / 메콩강 선상 석식 /
          ▶ 공항이동
* 1월 11일 인천공항 도착(오전)

- 방문단 현지 운영 경비 예산 -

◉ 차량임대 (15인승) 250$
◉ 식   대 (6인 × 6식 / 호텔뷔페, 한식) 420$
◉ 문화탐방 (입장료/ 선상유람선 임대/ 생수구매) 140$
◉ 공항비자비용(공항이용료) 120$ 합계: 950$ (〒)

☞ 현지 사정에 따라 변경될 수 있으므로 감안하여 <u>1인당 25만원 책정</u>

happy_i 해피아이국제봉사단

캄보디아 쁘렉아엥 평화어린이집 준공식 및 일정

○ 준 공 식 : 2014년 1월 8일
○ 소 재 지 : 캄보디아 수도 프놈펜 외각 15km 지점
○ 주   소 : 캄보디아 껀덜도 끼인스와군 쁘렉아엥 마을
○ 구   조 : 건평 약 30평 / 교실 2 / 화장실 2 / 교무실 1 / 기타
○ 소요예산 : 23,300$ (약 25,600,000)

- 현지 일정 -

* 1월 7일 인천출발(오후) 프놈펜 도착 ▶ 호텔 이동 (숙박)
* 1월 8일 09:00 ▶ 평화어린이집 이동 오전행사 진행(40분) /
           14:00 ▶ 유적지 및 박물관 등 문화 탐방
* 1월 9일 07:30 ▶ 쯔러르싸이 초등학교 방문(3시간 30분) /
           14:30 ▶ 신규 신축 대상지역 이동 현지조사(2시간30분)
* 1월 10일 09:00 ▶ 왕궁 및 재래시장 방문 / 메콩강 선상 석식 /
                 ▶ 공항이동
* 1월 11일 인천공항 도착(오전)

- 방문단 현지 운영 경비 예산 -

⦿ 차량임대 (15인승) 250$
⦿ 식   대 (6인× 6식 / 호텔뷔페 . 한식) 420$
⦿ 문화탐방 (입장료/ 선상유람선 임대/ 생수구매) 140$
⦿ 공항비자비용(공항이용료) 120$ 합계 : 950$ (干)

☞ 현지 사정에 따라 변경될 수 있으므로 감안하여 <u>1인당 25만원</u> 책정

국제보육포럼 개최로 더 높이 더 멀리 뻗어나가다

동남아시아의 베트남, 미얀마, 캄보디아!

물질적 풍요가 행복의 척도는 아니지만 우리는 위의 세 나라와 비교하면 꽤 풍족하다 하겠다. 가끔은 차고 넘칠 때도 있고 물질을 향한 심한 집착을 보이기도 한다. 하루가 멀다하고 조금 더 가져보겠다는 사람들의 어리석은 언행을 뉴스에서 접하곤 한다. 이런 소식을 들을 때마다 생각하곤 한다. 무엇이 잘못된 걸까. 이토록 많은 십자가가 보이는데 왜 세상은 물질에 허우적대는 걸까. 어찌하여 물질보다 더 소중한 것을 추구하지 않는 걸까.

감사하게도 우리에게는 「해피아국제보육봉사단」의 활동이 있다. 나눔을 실천하고 나눔을 통한 기쁨을 경험할 창구가 있다. 이 뿐인가. 나눔을 함께하는 동료들도 있다. 「해피아이국제보육봉사단」는 회원들에게 단순한 봉사 활동 그 이상의 의미를 가진다. 적어도 나는 그렇게 생각한다. 그래서 「해피아이 국제보육봉사단」 활동이 계속되길 바라고 또 바란다.

  2009년 5월에 첫걸음을 뗀 「해피아이국제보육봉사단」은 2012년 6월 재창립을 거쳐 2014년 7월에는 보건복지부에 비영리민간단체로 등록하여 활동에 박차를 가했다. 지금까지 활발히 실천해 온 저개발국가 어린이집 설립 및 지원에 더불어 국내에서는 다문화 가족 보육 아동 초기 정착 지원 활동을 펼쳤다. 또한 보육 관련 단체와의 교류협력 증진사업 등을 통해 어린이집 설립과 운영에 보탬이 되고자 했다.

  이듬해인 2015년 6월 30일에는 기획재정부의 「기부금대상민간단체」 승인을 받았고 같은해 10월에는 보건복지부의 「시니어직능클럽」에 선정되는 성과를 거두었다. 「해피아이국제보육봉사단」의 활동이 국내에서도 의미있는 방향으로 발전하는 계기를 마련하게 된 것이다. 「시니어직능클럽」은 보건복지부 산하 한국노인인력개발원에서 진행하는 사업으로 퇴직 예정자 또는 퇴직자에게 재고용을 통해 사회활동에 참여할 수 있는 기회를 제공하는 기업이나 단체를 지원한다. 특정 분야에 풍부한 경험을 가진 이들이 다시 한 번 사회를 위해 활동할 수 있도록 하는 사업에 선정되었다는 것은 은퇴한 보육인들이 오랜 시간 쌓아온 지혜와 역량을 활용하는 데 기여한다는 뜻이기도 하다. 「해피아이국제보육봉사단」은 해를 거듭할수록 다각적인 활동을 통해 보육과 사회를 연결해 나갔다.

재창립 후 4년이 지난 2016년, 「해피아이국제보육봉사단」은 기반을 더 튼튼히 다져나갔다. 2016년 9월의 강원도지회 창립은 봉사단의 활동을 공고히 하겠다는 의지 표명이기도 했다. 우리의 도전은 여기에서 끝나지 않았다.

지금까지 설명해 온 것처럼 「해피아이국제보육봉사단」은 돌봄을 필요로 하는 아이들을 돕기 위한 활동이 그 시작이었다. 동남아시아의 나라에 어린이집을 건립할수록 우리의 시선은 바깥보다는 국내에 머물기 시작했다. 짧은 기간의 외국 경험이긴 했지만 이를 통해 국내 실정에 큰 관심을 갖게 된 것이다. 익숙한 환경을 벗어났을 때 보이는 것들이 있다. 우리도 그러했다. 그저 당연하게만 여겼던 것들이 당연하지 않았고 옳지 않다고 생각했던 것들이 때로는 목적지로 가는 지름길이기도 했다. 세상에는 다양한 삶과 방법이 존재했고 우리가 듣고 보고 경험했던 것들은 지극히 일부분에 지나지 않는다는 것을 깨달았을 때의 충격은 꽤 오랫동안 생각을 자극했다.

보이지 않았던 것들이 선명하게 보이기 시작했을 때 우리가 할 수 있는 일은 한 가지 뿐이었다. 보이는 것들에 하나하나 대처해 나가는 일이 바로 그것이었다. 목소리를 높여 말하지 않았지만 「해피아이국제보육봉사단」의 경험을 통해 우리들은 국내에서도 해야 할 일이 많다는 걸 알게 되었고 남은 것은 실천 뿐이었다.

"전세계의 보육인들이 한 자리에 모여 의견을 나누고 정보를 교환하는 기회를 만들어 봅시다!"

해외 활동을 통해 비로소 인지하게 된 사실들, 대한민국 보육 현장의 상황, 해외의 다양한 사례를 향한 궁금함 등 「해피아이국제보육봉사단」활동은 우리에게 인식의 세계를 확장해야 한다는 교훈을 주었다. 또한 실재하는 다채로운 현실과 그 곳에서 쌓아온 우리의 경험을 많은 이들에게 들려 주어야 한다는 의무감도 우리의 등을 밀었다.

2016년 10월, 「해피아이국제보육봉사단」은 경기도와 함께 아시아 영유아를 둘러싼 현황 확인과 함께 권익 신장 방안을 모색하고자 「국제보육포럼」을 개최했다. 「국제보육포럼」은 2016년 8월에 있었던 「해피아이국제보육봉사단 후원회 발대식」으로 첫 걸음을 내딛었다. 보육포럼 추진위원회 자문위원장으로 위촉된 경기도의회 이순희 의원과 경기도의 후원과 협조로 「국제보육포럼」은 이제껏 본 적 없는 규모의 교류의 장을 만들었다.

2016년 10월 19일-22일 경기도 화성시 신텍스에서 4일간에 걸쳐 개최된 「국제보육포럼」은 국내 보육인들만을 위한 자리가 아니었다. 「글로벌 시대의 영유아 권익 신장을 위한 국제협력강화 방안」이라는 주제로 「해피아이국제보육봉사단」과 경기도가 공동 주최한 「국제보육포럼」은 아시아 11개국이 참여한 글로벌한 성격을 지닌 행사였다.

「해피아이국제보육봉사단」이 이러한 행사를 기획하고 주최하게 된 건 결코 우연이 아니었다. 그간의 행보를 보았을 때 아시아의 보육 현황을 실제로 경험하고 또 꾸준히 보육 관련 행동을 실천해 온 「해피아이국제보육봉사단」만이 가능한 일이다. 역량과 행동력을 갖추고 있다면 무엇을 주저하겠는가. 다른 것도 아니고 전세계 보육인들이 대화하고 교류와 협력을 나누는 장이다. 「해피아이국제보육봉사단」의 근간을 이루는 생각과 정확히 일치하는 행사임은 두말 할 필요가 없었다. 회원들의 단합은 물론이요, 우리만이 할 수 있는 일이라는 의식은 공동 주최자인 경기도도 움직였다.

「국제보육포럼」의 4일간은 우리가 상상한 그 이상의 성과를 거두었다. 참여 인원수나 발표 건수와 같이 숫자로 표현할 수 있는 행사 규모도 중요하지만 이 기간 동안 공유된 정보와 나눈 교류의 장은 숫자로 표현할 수 없는 의미와 밀도를 지녔다. 무엇보다 해외를 경험했다는 우리의 작은 자부심에 큰 배움을 안겨 주었다. 우물 안의 개구리로 살지 않겠다는 뜻을 실천해왔다고 자신있게 말해왔지만 세상은 생각보다 넓었다. 실로 다양한 생각과 방법이 보육 현장에는 존재하고 있었고 우리는 작은 일부분을 관찰한 것에 지나지 않았다. 나름 다양한 경험을 쌓아왔다 당당하게 말해왔던 「해피아이 국제보육봉사단」에게도 깊은 울림을 준 「국제보육포럼」의 시간을 나는 지금도 잊을 수 없다.

시야를 넓혀 주었다는 부분과 함께 오래토록 간직하고 싶은 것이 있다면 「국제보육포럼」이라는 기회를 통해 만난 이들과의 교류였다. 우리는 전문 분야인 보육 관련 정보 외에도 서로의 문화를 향한 깊은 관심을 드러냈다. 모처럼 한국을 찾은 아시아 보육 전문가들과 경복궁을 방문했을 때 그들의 눈에 어린 궁금증과 호기심을 나는 아직도 잊을 수 없다. 봉사단 중심 멤버들이 열심을 다해 준비한 포럼이었지만 아쉬움도 많았다.

개인적으로 지금도 후회가 되는 것은 경복궁을 제대로 안내하지 못한 일이다. 생소한 문화를 온전히 이해하고 싶어하는 그들에게 우리 문화 유산에 대한 양질의 정보를 제공하지 못했다. 나중에서야 알게 되었는데 경복궁에는 외국인 관광 가이드가 따로 있다고 한다. 영어로 전문가급의 설명을 해주는 가이드가 있다는 사실을 좀 더 일찍 알았더라면 서로에게 뜻깊은 시간을 만들 수 있었을 것이다. 물론 우리의 노력에 국내외 많은 보육인들이 뜨겁게 호응해 주었다. 결코 잊을 수 없는 강렬한 추억의 한 부분이다.

국내외의 보육 현장를 사랑하고 걱정하고 그래서 헌신을 아끼지 않는 이들의 언행과 응원은 결정의 기로에 설 때마다 나를 다잡아 준다. 이 귀한 만남 또한 하나님께서 계획하셨기에 가능한 일이었고 「해피아이국제보육봉사단」을 움직이는 동력이 되었음은 말할 필요도 없다.

PART 02 + 아이들의 행복을 꿈꾸고 실천하는 해피아이 국제보육봉사단

PART 02 + 아이들의 행복을 꿈꾸고 실천하는 해피아이 국제보육봉사단

체계적이고 지속적인 지원을 시도하는 이유

　어린이집을 짓고 믿을 만한 사람에게 운영을 맡긴다고 해서 우리의 할 일이 끝나지 않는다. 어린이집 운영이 교육과 연관되는 일인만큼 「해피아이국제보육봉사단」이 지닌 전문성은 어린이집 건립에만 국한되지 않는다.
　동남아시아의 보육 현장은 우리나라의 상황과 비교하면 여러 측면에서 열악한 부분이 많다. 「해피아이국제보육봉사단」을 통해 어린이집을 운영하는 선교사들이 열의를 가지고 보육 현장에서 최선을 다한다고 하지만 한계가 있기 마련이다. 때문에 봉사단에서는 건물을 마련하는 일 뿐만 아니라 어린이집에서 사용할 교재나 교구를 지원하여 제대로 된 보육 환경이 갖추어질 수 있는 지원도 병행하고 있다. 하지만 일괄적인 지원은 현실적인 측면을 고려하지 못할 때가 많다. 다수의 국가에 어린이집을 건립한 경우는 더욱 그러하다. 기본적으로 사용 언어가 다르다 보니 각 나라에 맞춰 대응해야 지원

활동이 의미를 갖게 되는데 그러기 위해서는 한국에서 사용하는 교재를 각 나라의 언어로 번역해야 한다. 지금까지 어린이집을 건립한 국가의 수를 떠올리면 결코 쉬운 일은 아니다. 게다가 언어 체계가 이루어지는 연령대의 아이들을 위한 교재인만큼 적당한 선에서 타협할 수 없는 부분이기도 하다. 한다면 제대로 해야 하는 것이 교재의 번역인 것이다.

그러나 현장에서는 언어보다 더 중요한 것이 있다. 아이들과 적극적으로 교류하고 감정적 유대를 쌓는 일이 바로 그것이다. 교재 번역에 앞서 실천되어야 할 것은 실질적인 방법을 가르치고 전수하는 일이다. 이 또한 「해피아이국제보육봉사단」이 차근차근 대응해 나가야 할 부분이라고 생각한다.

현장에서 바로 적용 가능한 실질적인 방법론을 전수하기 위한 시도는 몇 차례 진행된 바 있다. 전남대학교 유아교육과에서 왕성한 연구 활동과 보육인 양성에 힘써온 김영옥 명예교수도 「해피아이국제보육봉사단」의 이러한 시도를 함께 한 은인 중 한 분이다. 김영옥 명예교수는 어린이집안전공제회 이사장직을 맡았으며 오랜 기간 대한민국 보육 분야에 헌신해 오신 분이다. 「해피아이국제보육봉사단」 활동에 대해서도 기부금을 통해 응원을 해주셨고 개인적으로도 친밀한 관계를 유지하고 있다.

어느 날 김영옥 명예교수에게 한 통의 전화가 걸려왔다.

"회장님. 제가 회장님을 만나서 꼭 상의 드리고 싶은 일이 있습니다."

내용인즉 광주 서석교회에서 지원하는 인도네시아 선교사가 한국에서 사용하는 어린이집 교재를 인도네시아어로 번역해 줄 수 없겠느냐는 부탁을 해왔다는 것이다. 당시 서석교회 집사님이였던 광주교대 총장님이 선교사 지원을 위해 김영옥 교수에게 지원을 요청했고 김영옥 교수는 나에게 연락을 해 왔다. 대학 교육에 있어 누구보다 풍부한 경험을 지닌 김영옥 교수였지만 보육 현장에서 벌어지는 실질적인 교육은 확연히 다르다는 것을 누구보다 잘 이해하고 계신 분이었다. 이 부분을 명확히 파악한 김영옥 명예교수는 현장 경험이 풍부한 「해피아이국제보육봉사단」에서 대응해 줄 것을 요청했다. 어린이집총연합회에서 개발한 선진적인 교재와 오랜 경험을 바탕으로 축적된 노하우는 우리만이 가진 기술이자 자산이다. 앞서 이야기한 것처럼 높은 수준을 보이는 교재를 번역해서 제공하는 것은 신중을 기해야 하는 일이긴 하지만 불가능한 것은 아니었다. 게다가 우리에게는 단순한 번역 작업을 넘어선 교재 활용이라는 측면까지 전수할 수 있는 능력이 있었다. 이러한 인연은 우리에게 교재 제작이라는 경험을 안겨 주었다.

오랜 현장 경험은 봉사단을 굳건히 하는 기반이자 우리를 특별하게 하는 강점이기도 하다. 어린이집을 건설하는 일도 중요하지만 그곳이 지역과 주민에게 실질적인 도움을 주는 장소로 거듭나기 위해서는 기본 목적인 영유아 교육을 제대로 실천해야 한다. 결국 모든 것은 사람이 하기 마련이니 건축물과 함께 그곳을 운영하고 아이들을 가르칠 인재 양성에 관심을 갖지 않는다면 모처럼 지어진 어린이집은 의미를 잃어버리고 말 것이다.

보육 현장을 책임지고 견인할 인재를 길러내기 위해 선교사들의 추천을 받은 현지 보육 교사를 한국으로 초대한 일이 있다. 강원도지회의 도움을 받아 대략 보름 정도의 기간 동안 현장 실습 프로그램을 통해 현지 인재 양성을 시도했던 것이다. 강렬한 뜻을 가지고 외국에 여러 어린이집을 건립하긴 했지만 그 모든 시설을 우리가 하나하나 관리할 수는 없는 노릇이다. 현지의 선교사나 지자체에 운영을 맡기는 것이 최선임을 알기에 우리는 직접 운영이 아닌 간접적인 지원을 바탕으로 어린이집과의 관계를 이어나가고자 한다. 그 방법 중 하나가 실습 프로그램이었다.

대한민국의 전국 어린이집이 쌓아온 경험과 노하우를 전수하고자 지원국의 선생님을 초대해 숙식을 제공하며 보육 프로그램을 배우고 익힐 기회를 마련하긴 했지만 그 과정은 결코 순조롭지 않았다. 무엇보다 이 시도가 지속되지 않았던 이유 중 하나는 위험 요소가 많았기 때문이다. 선교사들이 신원을 보장한다고 하지만 혹시 일어날지도 모를 이탈과 불법 체류 등의 문제가 발생했을 때 봉사단 조직 자체가 불리한 상황에 놓일 수도 있다. 완벽히 책임지지 못할 일을 섣불리 확장하기 보다는 할 수 있는 범위 안에서 최선을 다하기로 했다.

 교재, 교구 등의 제공과 더불어「해피아이국제보육봉사단」이 꾸준히 실천하는 교육 지원 활동 중 하나는 준공식때 실시하는 시범 수업이다. 보통 2시간 정도의 수업을 실시해 현지 선생님들이 한국 어린이집의 교육 방식을 체험할 수 있는 기회를 제공한다. 줄다리기와 비눗방울 놀이 등의 프로그램도 넣어서 선생님과 아이들은 물론 봉사단도 즐길 수 있는 시간을 만들려 노력한다.

 이렇듯 다방면에 걸쳐 어린이집 교육 현장을 지원해 교육의 질을 높이려는 이유는 이 또한 양국이 교류하는 방식 중 하나이기 때문이다. 훗날 우리가 세우고 학습 지원을 한 어린이집을 다닌 베트남, 캄보디아, 미얀마의 어린이가 어른이 되어 한국의 교류 사업 덕분에 배움을 이어갈 수 있었다고 말한다면 이만큼 가치있는 일이 또 어디 있겠는가. 어린이집을 다니는 아이들에게는 둘도 없는 교육의 기회가 양국의 미래를 바꿀 수도 있다. 시간이 지나서야 비로소 보이는 결과와 가치가 있다. 봉사단의 시선은 먼 미래에 맞닿아 있다. 이렇듯 계속해서 어린이집을 짓고 지원 활동을 꾸준히 펼치는 것도 밝고 희망찬 미래로 이어질 것이라는 꿈을 가지고 있기 때문이다. 과장된 해석이라 말하는 사람도 있을 것이다. 하지만 장성한 양국의 인재들이 손을 맞잡고 「해피아이국제보육봉사단」의 존재를 이야기하는 미래의 그 날을 나는 늘 상상한다.

경험을 통해 쉼없이 배우고 성장하다

「해피아이국제보육봉사단」이 동남아시아로 향해 어린이집을 짓기 시작한지도 벌써 10년 이상의 시간이 흘렀다. 열정을 가지고 몰두하면 시간의 속도를 느끼지 못하는 세간이 말이 공감되는 요즘이다. 그리 오래 봉사단체 활동을 해 온 것 같지 않은데도 10년이라는 세월이 훌쩍 지나갔으니 말이다. 10년이라는 숫자 외에도 「해피아이국제보육봉사단」의 지난 시간과 역사를 표현할 수 있는 몇 개의 숫자가 있다. 우리 봉사단은 지금까지 10개 국의 나라에 어린이집을 건립했다. 베트남을 시작으로 미얀마, 캄보디아, 라오스, 인도네시아, 필리핀, 태국의 동남아시아에 이어 몽골, 네팔, 우즈베키스탄까지!

이렇게 다양한 나라를 돌아보다 보면 수많은 경험을 하게 된다. 대부분 문화 차이에 의한 것인데 이 또한 「해피아이국제보육봉사단」활동의 백미라 하겠다. 같은 아시아권이기에 닮은 점도 많지만 다른 점이 참 많다는 걸 각 나라를 방문하면서 뼈저리게 느꼈다. 우리와의 공통점을 발견하는 것도 큰 기쁨이지만 서로의 다름이 주는 기억 또한 강렬한 추억으로 남는다.

인도네시아 반둥에서의 일도 절대 잊을 수 없는 추억의 한 조각이다. 인도네시아 말랑에 「해피아이국제보육봉사단」 제19호이자 인도네시아 1호 어린이집를 건립했다. 당시 인도네시아의 열악한 환경을 직접 확인한 우리는 인도네시아 2호(제20호) 어린이집도 지어야겠다고 결정하고 계획을 추진했다.

인도네시아 2호 어린이집(광주광역시 가정어린이집연합회 후원)은 반둥이라는 지역에 짓기로 했다. 반둥은 인도네시아 제3의 도시로 도시권역 인구를 다 합하면 9백 만이 넘는다. 하지만 우리가 목표로 하는 곳은 반둥 도심에서 한참을 떨어진 곳이었다. 우리가 묵는 호텔에서 5시간이나 걸리는 지역에 위치해 있다 보니 이른 아침을 먹자마자 바로 출발해야 했다. 포장된 길을 5시간 걸려 이동하는 것도 지치는 일인데 우리가 가야 할 길은 비포장 도로였다. 울퉁불퉁 거리는 도로 위에서 낡은 차는 털털거리며 달리고 또 달렸다. 하다못해 길이라도 넓으면 쉬운 여정이었을지 모른다. 하지만 1차로의 비포장도로는 흔들림에 기다림을 우리에게 선사했다. 차에

앉아 있는 것만으로도 신음소리가 절로 나왔다.

  그렇게 흙먼지를 가르며 달리고 달린 끝에 목적지가 보이기 시작했다.

  "세상에! 다들 창밖 좀 보세요. 무슨 사람들이 저렇게 많아. 설마 우리 온다고 저런 걸 하나씩 들고 나오신 건가?"

  버스 안에서 누군가가 소리쳤고 다들 창밖으로 시선을 돌렸다. 우리 시야에 들어온 건 긴 대나무 끝에 걸린 깃발이었다. 알록달록한 수많은 깃말이 펄럭이며 우리를 맞이하고 있었다. 깃발은 사람들의 환호성과 함께 흔들렸다. 우리를 마중 나온 것은 마을 사람들 뿐만이 아니었다. 지역 유지와 시장님까지 나와서 우리를 반겨 주었다. 예상하지 못한 환대를 받으며 안내하는 곳으로 따라갔다. 드디어 인도네시아 제2호 어린이집과 마주한다 생각하니 두근거림도 커져만 갔다. 하지만 차에서 내린 우리가 향한 곳은 어린이집이 아닌 다른 장소였다. 놀랍게도 그곳에는 음식이 한 상 가득히 준비되어 있었다. 호텔 조식만 먹고 흔들리는 길을 5시간이나 달려 온 우리는 이미 지치고 허기져 있었다. 그런 우리들 눈앞에 그득히 차려진 한 상은 잊고 있었던 식욕을 자극하기 충분했다. 방금 전까지 귀 옆에서 쟁쟁하던 사람들의 환호소리조차 지워지게 할 정도로 상 위의 음식들은 우리의 오감을 자극했다.

  "너무 배고팠는데 감사하게도 음식을 다 준비해 주시고... 이거 먹고 기운 좀 차립시다. 짧은 시간이지만 모처럼 왔으니 할 일은 제대로 하고 가야지 않겠어요!"

환대에 보답하기 위해서라도 허기에 짓눌린 몸과 마음을 일으켜세워야 했다. 준비해 준 성의를 생각해서라도 우리는 맛있게 감사하게 먹기로 했다. 우리 일행은 냉큼 상으로 손을 뻗었다. 주스가 담긴 컵에 떡처럼 생긴 음식이 담겨진 접시까지 무엇을 먼저 먹고 마셔야 할지 기쁜 고민에 빠진 그때였다.

"어쩌죠. 도저히 못 먹겠는데요."

슬프게도 진수성찬을 눈앞에 두고 일행 중 어느 누구도 허기를 달랠 수 없었다. 특유의 강한 향 때문이었다. 호텔에서 먹은 조식 메뉴에 있던 인도네시아 음식과는 비교가 되지 않을 정도였다. 외국인을 위해 정도를 낮춘 호텔 음식만 먹었던 우리 같은 이들은 감히 도전할 수 없는 강렬한 향이었다. 그 향 덕분에 우리는 다시 식욕을 잃어버리고 말았다.

눈앞의 음식을 먹지도 못하고 굶주림에 괴로워했지만 그렇다고 손을 놓고 있을 수는 없었다. 짧은 일정 중에 우리가 해야 할 일은 여전히 많이 남아 있었다. 한국에서 공수한 학용품과 옷 등의 보급 물품을 전달해야 했고 새로이 건립된 어린이집도 둘러봐야 했으며 어린이집 운영을 위해 필요한 지식들을 전달해야 했다. 반둥 어린이집에서 우리는 몇 시간 동안 주린 배를 부여잡으며 계획한 일정을 소화했다. 음식을 준비해 준 마을 분들은 이런 우리가 안타까워 보였는지 떠나는 우리에게 도시락을 건네 주었다. 차 안에서라도 먹으라는 따뜻한 배려였다. 새벽 즈음에 먹었던 호텔 조식 말고는 종일 굶은 우리였지만 그 도시락 또한 먹을 수 없었다.

만든 이의 마음이 듬뿍 담긴 음식을 여전히 먹을 수 없었지만 그 사실이 그리 슬프지는 않았다. 허기를 가뿐히 이긴 보람이라는 감정이 우리를 지배했기 때문이었다. 돌아가는 길은 더 오랜 시간이 걸렸다. 고된 귀가 길에도 보람과 기쁨이 가득했던 버스 안에서는 힘찬 노랫소리가 울려퍼졌다. 그날 우리의 마지막 목적지는 한국 음식점이었다. 그때 먹은 삼겹살처럼 맛있는 음식이 또 어디 있을까. 허기만큼 훌륭한 찬은 없다는 말도 맞았지만 좋은 일은 한 수 밥맛 또한 꿀맛이었다. 비록 몸은 힘들었지만 우리의 고된 여정, 그리고 그 여정을 위해 정성을 다해준 마을 사람들의 마음까지. 서로가 조금씩 달랐기에 그 만남과 경험이 더욱 소중해지는 것 같다.

인도네시아에서는 확연히 다른 음식 문화에 대한 기억만 챙겨온 게 아니다. 어린이집은 각 나라의 건축 문화와도 접점을 갖기 마련인데 인도네시아의 어린이집 건축물은 자연이 준 자원을 적극 활용한다는 면에서 아주 새로운 경험을 선사해 주었다. 안내를 따라 간 곳에는 대나무로 지어진 2층짜리 건물이 있었다. 한국의 그것들과 비슷한 건축물을 기대한 우리에게 대나무 건물의 첫인상은 놀라움 그 자체였다.

"대나무를 얼기설기 엮어서 틈이 꽤 많네요."

"내부에 벽이 하나도 없는데 이러면 공간을 활용하는 데 불편하지 않을까요?"

어린이집에 들어간 우리는 짧은 지식으로 그곳의 건축 양식을 평가했다. 대충 지은 것 같은 이런 건물이 영유아들을 위한 공간이라니. 처음에는 한숨만 나왔다. 많은 이들이 한마음 한뜻으로 추진한 일의 결과가 허술해 보이는 대나무 건물이라니. 하지만 우리의 경험과 생각이 얼마나 편협했는지 어린이집 2층에 올라가서야 깨달았다. 1층의 더운 공기와 달리 2층은 상상 이상으로 시원했다. 대나무 틈으로 바람이 들어와 건물 내부에 상쾌함을 선사했다. 바람이 잘 통하는 공간에 있다 보니 벽이 없는 이유도 납득이 갔다. 대나무 건축물은 그곳의 자연 환경을 충분히 고려하여 완성된 형태였던 것이다.

우리와는 확연히 다른 환경에 적응하고 문화를 형성해 온 사람들. 그들과의 교류가 말처럼 쉬운 일은 아니지만 이러한 과정을 거쳤을 때 얻을 수 있는 경험과 깨달음이 있다는 사실만은 확신한다. 그리고 그것들이 나를 비롯한 봉사단 모두에게 큰 자산이 되었음은 두말할 필요도 없다.

거친 땅에 희망을 심겠다는 마음으로

　아름답고 여운이 짙은 추억이 있는가 하면 그저 안타까운 기억으로만 남는 상황도 있다. 때는 제24호 어린이집을 위해 필리핀 마닐라를 방문했을 때였다. 24호 어린이집은 한국가정어린이집연합회의 후원으로 수도 마닐라에서 30분 정도 떨어진 바차라는 곳에 건립될 예정이었다.
　바차는 수도권의 쓰레기가 모이는 곳이다. 처음 바차라는 곳에 대한 이야기를 들었을 때는 믿기지가 않았다. 쓰레기 더미 위에 마을이 있고 그곳을 삶의 터전으로 하는 사람들이 있다니! 하지만 바차의 실상을 직접 보았을 때 비로소 우리가 여기 와야했음을 직감했다.
　바차에 향하는 여정 또한 순탄치 않았다. 차로는 30분 정도 떨어진 곳이긴 했지만 이는 교통 사정이 좋았을 때의 이야기다. 30분 거리는 2시간이 되기도 했고 또 무엇을 타고 가느냐에 따라 쉬워 보이는 듯한 이동 시간은 인내의 시간 그 자체었다. 바차로 향하는 우리가 이용하기로 한 것은 트라이시클이라고 하는 필리핀 특유의 교통 수단이었다. 오토바이 옆 혹은 뒤에 사람이 탈 수 있는 좌석을 다는 트라이시클은 4명 정도가 탈 수 있다. 자동차보다 느린 것은 말할 필요도 없거니와 승차감 또한 최악이었다. 리어커 같은 것을 개조해서 오토바이에 달았으니 울퉁불퉁한 지면의 반동을 고스란히 느낄 수 밖에 없었다. 1시간 남짓의 시간 동안 엉덩이와 허리는 고통에 찬 비명을 질렀다.

그렇게 도착한 바차는 우리의 상상을 훨씬 뛰어 넘는 곳이었다. 쓰레기가 없으면 생활의 질이 좋아질 거라 생각했던 것과 달리 쓰레기 덕분에 먹고 산다는 이야기를 들었을 때는 우리의 상식이라는 게 얼마나 좁은 세상에서 형성된 것인지를 깨달았다. 필리핀 정부는 바차의 쓰레기를 제거해 그곳에 사는 이들에게 쾌적한 환경을 제공하고자 애쓴 적이 있다고 한다. 하지만 쓰레기가 생계 수단인 그들에게 정부의 일방적인 조치는 가혹한 결정이었다. 쓰레기를 모아서 판 돈으로 하루하루 삶을 연명하던 이들에게 먹고 살 길이 막힌 것이다. 쓰레기가 없다는 이유로 굶어 죽는 아이들도 있었다고 한다.

영유아를 둘러싼 심각한 상황은 이뿐만이 아니었다. 하루하루 버텨나가는 삶을 살다 보니 바차 사람들에게 좀 더 나은 삶을 생각할 여유 따위는 없었다. 당연히 임신과 출산에 대한 계획도 존재하지 않았다.

"쓰레기를 팔아서 생계를 유지하는 것 말고는 달리 방도가 없는 이곳에서 평균 10명의 자녀를 기른다고 해요. 넉넉하지 않은 살림에 아이들이 많으니 굶어죽는 아이들이 생기는 거죠."

바차를 안내해 준 선교사는 그곳의 현실을 알려주며 영유아를 위한 어린이집의 필요성을 피력했다. 선교사 부부는 어린이집 운영 뿐만 아니라 임신 육아교실을 열어 피임 방법부터 올바른 육아 정보를 전달하는 일에도 힘쓰고 있다고 한다. 소중한 생명이 안타까운 일을 당하지 않도록 최선을 다하는 선교사 부부의 모습을 보며 어린이집 건립이라는 방법으로 도움을 더해야겠다는 생각이 간절해졌다.

우리는 각각의 방식으로 좀 더 나은 세상을 만들기 위해 노력한다. 누군가는 미소로 긍정적인 에너지를 발산하고 누군가는 칭찬을 아끼지 않음으로써 이상적인 세상 만들기를 실천한다. 물론 모든 사람이 좋은 세상을 위한 나름의 방법을 가지고 있지는 않을 것이다. 어쩌면 자신에게 딱 맞는 방법을 찾아 실천하는 일 또한 운이라는 것이 작용해야 가능한 일인지도 모르겠다. 다행히도 우리는 우리에게 딱 맞는 방법도 찾았다. 필요한 곳에 어린이집을 짓고 운영을 돕는 일! 더욱 감사한 사실은 우리의 이러한 방식을 지지해주고 지원해주는 사람들도 많다는 것이다.

　많은 이들의 이해와 협조를 바탕으로 우리는 필리핀 바차에도 희망의 씨앗을 심었다. 쉽게 꺾이고 마는 영유아들이 조금이라도 안전한 환경에서 생활할 수 있도록 어린이집을 지었다. 어린이집을 중심으로 선교사 부부가 많은 활동을 전개하게 되면 그 역할은 어린이집으로 끝나지 않는다. 더 많은 도움을 줄 수 있고 더 큰 변화를 가져올 수 있다. 어린이집이 그저 어린이집으로 끝나지 않는다는 사실을 현지에서 늘 보고 듣고 경험하기에 「해피아이국제보육봉사단」는 오늘도 열심히 희망의 씨앗을 심고 또 심는다.

봉사활동은 중독이다

「해피아이국제보육봉사단」의 어린이집 건립 봉사 활동은 시간을 더할수록 지원 체계를 갖추어 나갔다. 어린이집 또한 각 나라의 보육 현장을 지탱할 뿐만이 아니라 선교 활동에 있어서도 중요한 역할을 담당하게 되었기에 체계적인 지원 시스템은 반드시 필요한 요건 중 하나가 되었다.

하지만 세상사라는 게 그리 만만하지 않다. 우리가 아무리 대비를 하고 보다 효율적이고 안정적인 지원 체계를 갖추었다 하더라도 예기치 못한 상황은 늘 발생하기 마련이다. 오랜 기간 봉사단을 이끌어 오다 보면 실로 다양한 문제와 조우하게 된다. 가령 약속한 기한까지 선교사에게 후원금을 보내주지 못하거나 현지에서 돌발 상황이 생겨 갑작스러운 금전적 지원을 요청할 때도 있다.

이런 경우의 대처는 생각보다 간단하지 않다. 특히 현지의 어린이집 운영 자금 부족과 같은 문제가 발생했을 때 「해피아이국제보육봉사단」의 진정한 저력이 드러난다. 우리의 저력을 한 마디로 표현하면 「봉사활동에 중독되었다」고 할 수 있겠다. 그리고 그 저력은 이런 식으로 움직인다. 예를 들어 현지에서 어린이집 운영을 담당하는 선교사가 곤란한 상황이 발생하여 갑작스레 후원금을 요청했다고 하자. 이런 일이 있을 때 봉사단과 오랫동안 함께 해 온 나에게 바로 연락이 들어온다. 봉사단을 통해 조직적으로 움직이는 것도 좋지만 상황에 따라서는 시간을 지체할 수 없을 때도 있다. 나에게 이런 연락이 올 때 머리 속에 떠오르는 몇 분께 전화를 드리고 상황을 설명한다.

"이번에 새로운 어린이집을 지을 예정인데 후원금이 조금 부족하네요. 조금만 도와주시면 일정에 차질없이 건축을 할 수 있을 것 같은데요."

갑작스레 전화해서 상황을 짧게 설명하면 감사하게도 많은 분들이 선뜻 도움을 주신다. 가령 5명이 50만원 씩 후원하면 250만 원을 현지 어린이집 운영 자금으로 사용하거나 혹은 어린이집 건립 비용으로 쓸 수 있다. 「해피아이국제보육봉사단」은 이렇게 많은 분들의 도움으로 수많은 고비를 넘겨 왔다.

이런 일이 있을 때마다 늘 놀라는 사실 한 가지는 부탁을 드리는 분들 중에서 후원을 거절하시는 분은 많지 않다는 것이다. 마치 전화를 기다렸다는 듯 돈을 내어 주시는 분들을 보면서 혹시 나와 같은 마음은 아닐까 생각하곤 한다. 나 또한 급작스레 도움을 요청하는 연락이 올 때마다 주머니를 탈탈 털어 현지로 후원금을 보낸다. 봉사단을 거치지 않고 개인적으로 후원하는 일이 언제부터인가 굉장히 자연스러워졌다. 이리저리 모아둔 돈을 어린이집 운영 자금이나 건립 자금으로 선뜻 내어주는 나 자신을 발견했을 때 곰곰히 생각했다. 내가 이럴 수 있는 건 무엇 때문일까. 고민 끝에 찾은 답은 「봉사 활동에 중독되었다」였다. 티끌 모아 태산이라고 지금까지 내가 개인적으로 보낸 후원금을 더한다면 상당한 금액이 될 것이다. 계산이 빠른 사람들이라면 늘 숫자를 떠올리며 자신의 후원 활동을 반추할지도 모르겠다. 하지만 나의 작은 실천으로 인해 해결될 문제, 어린이집의 정상적인 운영, 그로 인해 아이들에게 돌아갈 혜택 등을 떠올리면 숫자보다 보람과 만족감이라는 감정이 먼저 생겨날 것이다. 적어도 나는 그랬다. 현지 어린이집을 방문하고 그곳의 상황을 몸으로 겪어왔기에 나의 작은 도움이 그곳의 현실을 어떻게 바꾸어 나갈지 상상하는 건 어렵지 않았다. 짧지만 강렬한 상상 후에 다가오는 것은 보람과 기쁨이다. 많은 것이 부족했던 내가, 하나님의 도움으로 봉사단을 시작하고 여기까지 온 내가 타국의 얼굴도 모르고 이름도 모르는 아이들에게 의미있는 존재가 될 수 있다는 사실에 어찌 가슴 벅차지 않을 수 있겠는가.

아내 몰래 뒷주머니를 만들어 차곡차곡 돈을 모으는 것도, 도움이 필요한 곳이 있으면 주저없이 주머니 속의 돈을 꺼내는 것도 말로는 이루 다 설명할 수 없는 기쁨을 느꼈기 때문이다. 나 뿐만이 아니다. 내 주변에 나같은 사람이 여럿 있다. 그 어떤 행위로도 대체될 수 없는 행복과 보람. 이 감정은 오직 봉사 활동을 했을 때 느낄 수 있다. 봉사 활동에 중독된 이들끼리 끊임없이 교류하고 다음 봉사 활동을 계획하고 생각하는 것도 이런 이유 때문이다. 그래서 나는 자신있게 말할 수 있다. 한 번 봉사 활동에 중독되면 쉽게 빠져나올 수 없다고 말이다.

가까운 이웃과 함께하는 해피아이

 국경을 초월한 「해피아이국제보육봉사단」의 활동은 매 순간이 도전이었다. 다른 문화 배경을 가진 이들과 소통하며 의견을 조율하는 일은 늘 예상을 뛰어넘는 일의 연속이었고 때문에 그 과정은 늘 삐걱대기 일수였다. 그래도 어린이집이 완성되었을 때의 기쁨, 어린이집에서 뛰노는 아이들의 활기찬 몸짓, 그런 모습을 바라보는 마을 사람들의 웃음 가득한 얼굴을 보게 되면 과정에서 오는 고생은 눈 녹듯 사라진다.
 지금까지 보람 가득한 해외 활동을 위주로 「해피아이국제보육봉사단」의 여정을 소개해 왔다. 베트남을 시작으로 동남아시아 7개국 그리고 몽골, 네팔, 우즈베키스탄에도 어린이집을 지어 왔기에 우리의 활동 영역이 해외에 한정된다고 생각하면 오산이다. 「해피아이국제보육봉사단」는 국내에서도 영유아와 아동들을 위한 다양한 활동을 전개해 왔다.

「해피아이국제보육봉사단」은 초창기부터 다문화가족 지원에 대해 다각도로 고민하고 또 행동해 왔다. 봉사단과 동남아시아의 인연은 국내에서도 끈끈하게 이어져 아직 한국에 익숙치 않은 엄마들을 위한 정착 지원은 물론 영유아 시절부터 보육 지원이 제대로 이루어지도록 다양한 활동을 전개해 온 것이다.

　2010년에는 아시아나항공과 함께 결혼이주여성들이 모국을 방문할 수 있게 지원 프로그램을 실시했다. 또 같은 해에 코레일의 후원으로 다문화가정을 위한 서울기차여행 또한 추진하여 결혼이주여성들과 그 가족들이 추억을 만들 수 있는 짧은 여행을 계획했다. 2011년에는 좀 더 본격적이고 체계적인 다문화가정 지원을 위해 여성가족부와의 업무협약을 맺었다. 더불어 베트남 밴째대학과 보육정책과 보육프로그램 MOU를 체결하여 베트남에 건립한 어린이집의 운영을 위한 기반을 다졌다.

　2012년에는 대한예수교장로회 총회의 세계선교부와 MOU를 체결해 안정적으로 어린이집의 건립과 운영을 위한 환경을 조성했다. 또한 국토해양부의 지원을 받아 농어촌 다문화가정을 위한 바다의 날 행사 체험을 기획, 실시했다.

　국가 정책이 세세히 닿지 않는 부분을 발견하고 지원하는 것이 우리와 같은 봉사단체의 사명이라 여기기에 국내 사례

발굴과 지원에도 소홀히 하지 않으려 노력하고 있다. 그래서 다문화 가족의 보육 아동 지원과 더불어 미혼보와 한부모 가정, 그리고 장애인과 탈북자 가정의 10세 이하 보육 아동을 위한 지원 활동에도 전력을 다해 왔다. 뿐만 아니다. 보육 아동 재능 발굴 프로그램을 통해 아동들이 가진 무한한 가능성을 활짝 피울 수 있도록 하는 장도 마련해 왔다. 보육 분야의 베테랑이 모인 단체인만큼 가지고 있는 능력을 최대한 활용하여 지역사회를 위한 활동이 무엇인지 늘 고민하고 또 실천하려 지금도 노력하고 있다. 「해피아이국제보육봉사단」이 각 지역협의회를 발족하는 것도 국내 지원 활동의 기점을 만들기 위함이다.

해외 활동과 국내 활동에 균형을 더하며 어제보다 한 걸음 나아가는 보육 분야를 위해 「해피아이국제보육봉사단」은 실천을 멈추지 않을 것이다.

해피아이가 나에게 준 선물
- 국민훈장을 수여받다

    길다면 길고 짧다면 짧은 세월. 지나간 시간에 대한 표현은 참으로 많다. 수많은 표현 중에서 흔하지만 진하게 남아 있는 것은 "눈 깜짝할 사이에 지나간 세월"이라는 한 마디다. 보육계에 발을 담은 그 때가 여전히 생생한데 눈 깜짝할 사이에 얼굴의 주름은 깊어졌다. 깊어진 주름만큼 쌓여온 만남과 경험들. 지난 나날들이 지금의 나를 만들었다 생각하면 어느 것 하나 소중하지 않은 것들이 없다.
    하나하나 차분히 들여다 보면 결코 짧지 않았던 지난 날인데 눈 깜짝할 사이에 과거가 되어버렸다. 그 길었던 시간이 이렇듯 짧게 압축되기에 지난 날의 기억이 주마등처럼 지나가는 일도 가능한 것 아닐까. 신기한 사실 하나는 아스라이 스쳐지나간 기억들이 속도와는 다르게 제대로 된 흔적을 남겼다는 것이다. 그 찰나의 속도에도 내 안의 기억은 나를 흔

 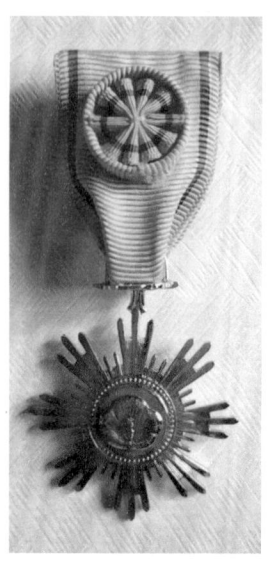

국민훈장 석류장 수훈('19)

들어 깨웠다. 그리고 말했다. 그저 지나간 일이라 치부하지 말라고. 지난 날의 축적이 지금의 나를 있게 했고 또 앞으로의 나를 만들어 갈 것이라고. 이 강렬한 메시지는 국민훈장을 수여받던 때에 주마등처럼 지나간 과거가 나에게 선사한 것이었다.

우연히 보육 분야와 인연을 맺게 된 후로는 매 순간 내가 할 수 있는 일에 집중했다. 안 되는 일, 어쩔 수 없는 일에 미련을 갖느니 별 것 아니지만 내가 할 수 있는 일을 하나씩 해 나가보자. 그런 마음으로 살아온 지난 날이었다. 그렇게 묵묵히 눈 앞의 것들에 도전해 보고 또 그냥 해보기도 하면서 좋은 사람들을 만났고 다시 없을 기회와 조우하기도 했다. 때때로 기회는 나를 배신하기도 했고 가끔은 예상 이상의 결과로 변모하여 삶의 방향을 바꾸었다. 내가 한 일은 모든 것을 하나님께 맡기고 일생의 굴곡에 따라 순응한 것 뿐이다. 물론 경우에 따라서는 발버둥을 치기도 하고 포기할 때도 있었다. 나의 뜻을 관철하다기 보다는 주어지는 것을 받아들이는 일. 그 무엇보다 이러한 자세가 삶을 살아가는 올바른 태도라 생각하며 살아왔다.

적극적인 것처럼 보이지만 하나님께서 계획하신 길을 따라 걷고 또 걸었던 나 같은 사람이 인생의 어느 한 지점에 「훈장」이라는 단어가 있을 것이라 상상이나 할 수 있었겠는가. 많은 사람들이 그렇듯 나 또한 평범하고 안정적인 삶을 보내길 바랄 뿐이었다. 건강한 가족들과 행복한 하루하루를 꿈꾸는 보통의 내가 「훈장」이라는 것을 목표로 살아왔을 리도 없을뿐더러 그런 단어는 나와 인연이 없는 것이라 생각했다.

그래서였을까. 내 이름이 호명되었을 때, 무대 앞으로 나가서 훈장을 받아 들었을 때 평소에는 쉽게 떠오르지 않던 기억의 조각들이 주마등처럼 스쳐 지나갔다. 당시에는 우연이라 여겼던 만남, 일어나지 않았으면 좋았을 거라 생각했던 사건들이 있어 지금의 나를 만들었다는 것도 깨닫게 되었다. 훈장을 건네 받았을 때 모든 것은 하나님의 계획이었으며 어쩌다 일어난 일이라는 건 하나도 없었다는 사실을 확신하게 된 것이다.

따지고 보면 훈장을 받게 된 과정도 사람의 알량한 계획으로 어찌 될 수 있는 일이 아니었다. 회장 재임 시절, 어린이집총연합회를 위해 헌신하는 이들을 위해 두발로 뛰며 만들어낸 결과 중 하나가 대통령상 훈장이었다. 평생을 보육계에 헌신하는 이들을 모두가 함께 확실히 기억할 수 있는 계기를 만들고 싶었다. 훈장 제도 도입을 목표로 이런저런 조언을 구하러 다닐 때 들었던 이야기 중 하나는 "훈장 제도가 확정된다면 회장님도 언젠가는 훈장을 받으실 수 있겠지요."라는 한 마디였다. 하지만 세상은 그리 호락호락하지 않았다. 모두의 예상과 다르게 두 번의 회장을 역임한 나에게 훈장은 곧장 다가오지 않았다. 「집을 짓는 사람 따로 있고 그곳에서 사는 사람이 따로 있다」고 생각하며 살아온 나였기에 나의 노력으로 보육 분야의 또 다른 역사가 제대로 기록된다 생각하면 그다지 아쉽지 않았다.

그렇게 훈장의 존재는 점점 희미해져 갔고 나는 암과 싸우는 일상을 보냈다. 위암을 판정받아 2018년에는 수술을 하게 되었다. 한 번 잃은 건강을 완벽하게 되돌릴 수는 없지만 악화되는 것만은 막아야 한다고 발버둥치는 것이 사람이다. 나와 우리 가족 또한 수술 이후 건강에 신경 쓰는 일상을 살게 되었고 그렇다 보니 봉사 활동 외의 것에는 관심을 둘 여력도 없어졌다. 그렇게 건강 관리에 집중하며 생활하던 어느 날이었다.

"윤 고문님! 훈장 한 번 신청해 보시는 거 어떻겠습니까?"

당시 어린이집총연합회 부회장이었던 화성 초록어린이집 김경자 원장님이 나에게 말했다. 너무 갑작스러운 제안이어서 나는 그게 그렇게 쉽게 신청할 수 있는 게 아니지 않겠느냐고 대답했다. 나의 이런 반응에 김경자 원장님은 말을 이었다.

"고문님. 부탁 좀 드리겠습니다. 솔직히 말씀드리면 훈장 신청을 추천한 분이 계시긴 한데 알고 보니 결격 사유를 가지고 있어 훈장을 받을 수 없다고 하더라고요. 보건복지부와 행정안전부에 올리기 전에 저희 쪽에서 적합한 인물을 선정을 해야 하는데 고문님께서 좀 도와주시면 안 되겠습니까."

혹 가능하면 다음 날 아침 9시까지 서류를 갖추어 보내 주었으면 좋겠다는 말은 날 또 다시 당황하게 했다. 하지만 평소 친하게 지내던 김경자 원장님의 요청이었기에 나는 알겠다고 대답하고 곧바로 보건복지부에 있는 지인에게 전화를 걸었다. 서류 제출 기한을 늦출 수는 없는지 알아봐 달라고 부탁을 한 것이다. 다행히 지인의 도움으로 나는 조금의 시간을 벌 수 있었다. 부랴부랴 움직이는 와중에도 주변의 세심한 도움으로 나는 무사히 서류를 제출하게 되었다.

전화 한 통으로 시작된 준비 작업은 순식간에 처리되었고 제출한 신청 서류는 무사히 통과되었다. 문제 없이 서류 접수가 처리되었다는 이야기를 들었을 때까지만 해도 담담한 마음 뿐이었다. 준비 시간은 짧았지만 덕분에 긴장과 걱정의 시간도 짧았다. 세상 일은 늘 이런 것 같다. 부정적인 측면이 있으면 긍정적인 부분도 있기 마련이다. 그렇게 훈장과 나는 급격히 거리를 좁혀 나갔다.

그리고 2019년 12월 18일, 나는 정부 세종청사 대강당에서 개최된 「2019년 보육유공자 정부포상식」의 무대에 서게 되었다. 보건복지부가 개최한 「2019년 보육유공자 정부포상식」는 실로 많은 이들이 자리했다. 지금의 내가 있기까지 물심양면으로 도움을 아끼지 않은 소중한 이들 앞에서 사회복지법인 어린이집 원장으로 지내온 24년의 시간, 2008년부터 2012년까지 한국어린이집총연합회 회장으로 헌신해 온 지난 날, 이후 「해피아이국제보육봉사단」의 단장으로 활약한 나의 인생이 소개되었을 때의 소회는 말로 다 표현할 수 없다. 지금까지 걸어온 인생의 무게와 가치를 훈장으로 치환할 수 없겠지만 지난 날을 대변하는 상징으로 국민훈장(석류장)은 나에게 큰 의미를 지닌다. 무엇보다 「해피아이국제보육봉사단」의 활동까지 포함한 훈장 수여이기에 그 의미는 각별하다.

해피아이 기행문

인도네시아 말랑어린이집 준공식을 다녀와서

광주 다솜어린이집 배연금 원장 큰오빠 백학근

2018년 5월 머나먼 남쪽 적도의 나라 인도네시아에 가게 되었다. 자바섬의 동부 경제 중심도시인 수라바야 공항에서 내려 그 남쪽에 있는 말랑이라는 소도시가 최종 목적지였다. 여러 해 동안 열과 성을 다하여 마침내 이루어낸 '말랑어린이집' 준공식에 참여하고 축하해주기 위해 나선 국제 나들이인 셈이다.

인도네시아는 인구가 2억 7,400만여 명(2021년 11월, 세계 제4위), 면적은 약 190만 km^2(한국의 19배)이며 17,000여 개의 섬으로 이루어진 세계에서 섬이 가장 많은 나라다. 관광지도 많고 천연자원이 풍부하여 전망이 좋은 국가이지만 대지

진이 자주 발생하고, 수도인 자카르타가 점점 가라앉고 있는 등 당면과제가 많은 나라이기도 하다. 우리나라와는 정치 경제 외교는 물론 축구, 배구, 배드민턴 등 스포츠외교도 활발하게 이루어지고 있는 우방이다.

이러한 인도네시아의 자그마한 도시와 인연을 맺어 어린이집을 세워주고 그 준공식에 참여하는 우리 7남매는 참으로 뜻깊은 일이고 자랑하고 싶은 가슴 벅찬 사건이었다.

그동안 광산·다솜어린이집을 착실하게 경영하는 중에도 미래의 큰 그림을 그리면서 봉사활동에 참여한 넷째 동생(백연순 광산어린이집 원장)이 매우 자랑스럽다. 아울러 국제적으로 인연의 끈을 맺어준 해피아이국제보육봉사단에게도 깊은 감사의 마음을 전하고 싶다.

2018년 5월 15일(화) 6시 인천 국제공항에 도착하여 출국 절차를 마치고 9시 정각 인도네시아를 향해 비행기에 올랐다. 5시간을 날아간 다음 싱가포르에서 2시간 정도 휴식을 취하고 다시 탑승하여 수라바야 공항에 도착하니 18시경이 되었다. 마중 나온 선교사 부부를 따라 또다시 버스로 한참을 달려 목적지 인근 숙소에 도착하였을 때는 밤이 이슥하였다.

우리 가족 9명과 해피아이국제보육봉사단에 오신 3명, 모두 12명이 온종일 시달렸기에 지칠 만도 한데 가장 나이 어린 성해인(당시 10살) 꼬마 소녀가 항상 밝고 웃는 낯이어서

귀여움을 독차지했다.

다음 날 아침 어렵게 눈을 떴다. 후덥지근한 아침 공기가 썩 좋은 것은 아니었다. 아침 식사를 대강 마치고 열대식물과 농작물이 울창한 벌판을 가로질러 차창 너머로 다가오는 이국적인 풍경을 바라보면서 여러 시간을 달려갔다. 도착하자마자 열화와 같은 환영 인사는 그동안의 피로를 한꺼번에 날려버렸다.

준공식은 진지하고 엄숙하게 이루어졌다. 곧이어 어린이와 주민 모두가 참여한 축하 잔치는 즐겁고 활기가 넘쳤다. 그리고 정성으로 만들어낸 음식을 나누는 동안 사랑의 눈빛으로 가득 찼다.

오랜만에 찾아온 고향 같은 그런 느낌이었다. 우리도 얼마 전까지 이런 모습으로 살아왔다. 샛별처럼 초롱초롱하던 어린 새싹들의 꿈이 이루어지고 행복하게 살기를 기원하면서 눈에서 멀어질 때까지 손을 흔들고 돌아왔다.

자그마한 손길로 시작하여 인연을 맺고 정을 쌓아가면서 큰 힘을 발휘하고 있는 사업이다. 지구촌을 돌아보면 사랑의 손길을 기다리는 곳이 한두 곳이 아닐 것이다. 초롱초롱한 어린이들의 앞날에 희망을 심어주고 있는 이 사업은 영원히 빛날 것이다. 해피아이국제보육봉사단의 사업에 큰 박수를 보낸다.

2023. 8. 30.

해피아이 기행문

소중한 사람들과 함께한 행복했던 여행, 캄보디아

오창식 장로 손자 오지민

　난생 처음 비행기를 타고 갔던 나의 첫 해외 여행지인 캄보디아와 베트남으로 여행을 간 지 참 오랜 세월이 지난 지금 고등학교 3학년이 되어버린 나에게는 참 행복하고 뜻 깊었던 여행지인 캄보디아이다. 14살, 중학교 1학년 때 쯤 갔으니 벌써 5년이라는 시간이 흘렀지만 소중하고 행복했던 추억들을 다시 되새겨 보려고 한다.
　우리 가족들과 다른 가족들이 다 함께 캄보디아로 여행을 가게 된 이유는 할아버지와 많은 장로님들께서 다 같이 힘을 모아 캄보디아에 유치원을 세우게 되어 다 함께 캄보디아로 향하게 되었다. 캄보디아에 도착한 우리는 다 같이 힘을 모아

세운 유치원 앞에 서서 사진도 찍고 할아버지의 이름을 찾아 보기도 하며 다 같이 둘러앉아 오순도순 맛있는 밥과 여러가지 빛깔의 열대 과일들을 먹었던 소소한 기억들이 내 머릿속에 아직도 생생하다. 역시나 다른 나라이기에 밥이 입맛에 맞지 않아 고생을 했었지만 열대 과일들을 먹은 후 나는 열대 과일에 푸욱 빠져 그 후 하루 종일 열대 과일만 먹었던 기억이 남아있다. 그렇게 유치원에 방문을 한 후에도 우리는 여러 유명한 관광지에 방문을 하였다. 너무 많은 곳을 둘러보고 많은 추억을 쌓았지만 너무나 긴 시간이 지난 지금 모든 게 나의 기억 메모리에 남아있지 않더라고 앙코르 와트와 호찌민 묘소와 펍 스트리트와 배를 타고 이동하며 보았던 풍경이 기억에 남아있다.

앙코르 와트는 언뜻 보이게도 참 신비하고 아름다웠다. 멀리서 본 앙코르 와트는 너무나 섬세했고 웅장함을 느낄 수 있었다. 다 관광하고 난 후 아버지께서 코코넛을 사주셔서 처음으로 먹어보게 되었다. 외적으로 시원하고 맛있어 보였지만 내 생각과는 다르게 참 밍밍하고 맛이 없었다. 다른 사람들은 맛있다고 했지만 내 입은 분명 맛이 없다고 말했다. 그렇게 앙코르 와트를 다녀 왔었다.

밤에는 캄보디아에 있는 엄청 큰 야시장인 펍 스트리트에 갔었다. 거기에는 코끼리로 된 장식품이 정말 많았다. 코끼리 디자인으로 된 냉장고 바지와 반팔 티셔츠도 있었다. 아버지께서 티셔츠를 보고 구매 하시는 과정에서 사장님과 돈을 딜 하는 장면이 되게 낯설지만 신선했다. 펍스트리트 시장은 가격이 정확하지 않았다. 사장님께서 가격을 말하고 아버지께서 깎아 달라고 하면 처음에 안된다고 하다가 도 간다는 말에 바로 깎아주는 모습이 14살인 나에게는 조금 충격이기도 했지만 신기한 장면이였다. 그 야시장은 사람이 많아서 길을 잃지 않으려면 정신을 바짝 차려했던게 기억에 남는다.

그리고 나서 베트남에 있는 호찌민 묘소를 방문 하기 위해 이동하였는데 호찌민 묘소 건물 앞에는 군인들이 지키고 있었고 처음보는 선이 있었다. 그 선을 넘으면 군인들이 잡으러 온다는 아버지의 말씀을 듣고 너무나 무서워서 가까이 가지도 못했지만, 지키고 있는 군인들의 눈빛은 매우 소름 돋았고 살기가 느껴졌다. 그 눈빛을 보고 나는 군인들이 국가의 소중한 사람을 지키려는 마음이 있는 것이 느껴졌었다. 생각해 보니 소중한 사람을 옆에서 꾸준히 지키겠다는 마음은 정말 따뜻하고 군인들의 충성심 또한 대단하다고 생각한다. 그렇게 참 무서웠던 장소를 방문하고 나서 배를 타고 이동을 했었다. 배를 타고 이동하면서 여러가지 음식들이 나왔는데 내가 생각 하기에 주방은 그렇게 크지 않았는데도 되게 많은 음식의 양과 푸짐한 상차림이 나와서 놀라웠다. 배 안에서 먹은 음식 중 튀김이 있었는데 기억에 남을 정도로 너무나 맛있게 먹었었다. 한국에서는 절대 못 먹어본 튀김이였기에 머릿속에 계속 남는 음식이다. 배 안에 창문으로 바깥 풍경을 구경 했을 때 참 바다가 넓고 넓구나 하는 생각이 들면서 내 마음이 참 평안해지는 기분이였다. 아버지와 오빠와 함께 밖에 나가서 구경을 했는데 그때의 바람이 선선해서 그 시원하고 달콤했던 기분을 지금도 잊을 수가 없다. 그리고 가장 재미있었던 것은 배 안에서도 딜을 한다는 것이였다. 배 안에서 어떤 점원이 진주 목걸이와 진주 팔찌를 가져 왔다. 이때 할머니께서 되게 좋아하시던 모습이 떠오른다. 이때부터 우리 할머니와 점원과 배안에서의 딜이 시작 되었다. 할머니께서 너무 싼 값을 불렀는지 그 사람의 당황한 모습을 보고 할머니와 할아버지께서 해맑게 활짝 웃으셨던 모습들이 나도 덩달아 웃음이 나왔던 것 같다. 점원이 안 된다고 하자 할머니께서 그럼 안 산다고 말 하시자 점원이 고민을 하시더니 알았다고 하자 할머니께서 기분 좋게 돈을 지불하시던 장면이 무척이나 재미있었다.

이렇게 캄보디아, 베트남에 갔던 추억들을 되새겨 보면서 하나 하나씩 적어 보았다. 생각보다도 훨씬 즐겁고 행복했던 추억들이 많았던 것 같다. 캄보디아는 참 아름다우며 역사의 흐름대로 자연과 사원이 잘 어울러져 있는 나라라고 생각한다. 우리 할아버지와 여러 장로님들께서 캄보디아에 유치원을 세워 주셨기에 이렇게 값진 경험을 할 수 있는 첫 해외 여행을 갈 수 있었는데 지금 생각해보니 너무나도 감사한 일이였고 이러한 이유로 내 첫 여행이 시작이 된 것 같아 정말 행운인 것 같다.

해피아이 기행문

캄보디아 여행을 다녀와서

오창식 장로 외손녀 김은우

　캄보디아, 베트남에 갔다 온 지 7년이 되었다. 갔다 온 지 엊그제 같은데 새삼 시간이 참 빨리 지나가는 것 같다. 7살 때라 기억은 잘 안나지만 생각나는 대로 써보려 한다.
　우리 할아버지, 그리고 많은 분들이 함께 어린이집을 세웠었다. 그것이 내가 캄보디아를 간 이유였다. 거기서 컷팅식도 하고 전통춤도 보고 열대과일들도 먹었던 것 같다. 그리고 그곳은 내가 생각한 캄보디아랑은 조금 달랐다. 물위에 떠있는 집을 상상했었는데, 온통 통나무로 된 집들 뿐이었다. 비 온 다음날 이어서 그런지 통나무들이 젖어 있었다. 그중에 상한 나무도 여럿 있었다. 그곳 사람들은 우리가 신기한지 그 곳 사람들의 시선은 모두 우리에게로 쏠려 있었다. 몇몇 분들은 익숙하신지 여유롭게 인사를 하고 계셨고 나는 처음보는 사람들, 나와 다르게 생긴 사람들 때문인지 아빠 옆에 꼭 붙어 있던 걸로 기억한다. 전도사님이 한분 계셨는데, 그곳에는 가끔 야생동물도 나온다고 하셨다. 그리고 그늘에 있었는데도 내 정수리가 탈 정도로 햇볕이 뜨거웠다. 그리고 우리는 몇몇 관광지도 갔었다. 이상하게 앙코르 와트의 돌 사원은 에어컨을 킨 것 같이 무척이나 시원했다. 그리고 나무가 있는 곳이라면 바닥을 보면 노오란 망고가 떨어져 있었다. 그곳 사람들은 그것을 대수롭지 않게 여겼다. 신기해 하는 내가 이상하다고 느낄 정도로 말이다.

앙코르 와트로 가기 위해서는 숲을 지나야 했었다. 숲으로는 삭당에서 출발했다. 툭툭을 타고 이동 했다. 거기선 먼지가 많이 난다며 마스크를 주었다. 식당에는 악어도 있었다. 그 숲으로 들어 갔을 땐, 옛날의 엿장수 같이 목에 탁자 같을 것을 매고 물건을 파는 상인들이 많이 있었다. 지금 생각해보니 지금 내 또래(13세)의 상인들도 꽤 있었던 것 같다. 거기선 피리, 부채 등 많은 걸 팔고 있었다. 부채엔 코끼리가 많이 있었다.

캄보디아는 무난함의 최고점 인 것 같으면서도, 화려함의 최고점 인 것 같기도 하다. 캄보디아는 양극 같다. 중간이 없는 것 같다. 캄보디아와 베트남은 내 첫 해외 여행이자 아직까진 마지막 해외 여행이다. 그래서 인지 더 기억에 남고 더 특별한 것 같다. 내 첫 해외 여행으로는 매우 만족하는 바이다.

윤덕현 회장님과의 인연

현)해피아이국제보육봉사단 광주지부장
문 순 정

  2012년 윤덕현 회장님께서 어린이집을 운영하는 많은 분들이 정말 고생하고 수고하며 국가가 책임져야 할 보육을 두 어깨에 지고 열심히 하고 있음에도 칭찬받기보다는 일부 잘못된 내용들로 언론에 도배가 될 때 윤덕현 회장님께서는 한국보육시설 연합회 회장을 역임하시면서 첫 번째, 보육인들이 봉사를 하는 모습을 보여줘야겠다고 생각하시고 해피아이국제보육봉사단을 창단하셨다고 하셨습니다. 그때부터 저는 이분과 함께 봉사활동을 해야겠다고 결심하는 계기가 되었습니다. 2013년 광주광역시가정어린이집연합회 회장을 하면서 해피아이국제보육봉사단 저금통 모으기를 처음 시작하게 되었습니다.

그런데, 우리 보육인들은 정말 달랐습니다. 저금통 모으기 액수가 해마다 점점 늘어나기 시작했고, 2017년에는 인도네시아 반둥에 '광가연-망꾸부미 어린이집'을 건립하고 2018년 7월에 준공식을 다녀오기도 했습니다. 이 과정에서 광주에 있는 많은 보육인들이 해피아이국제보육봉사단 활동을 치하하며 함께 동참할 것을 다짐하기도 했습니다.

2019년 한국가정어린이집연합회 회장이 되면서 첫 번째 사업으로 해피아이국제보육봉사단 행복키움 저금통 모으기를 전국적으로 하게 되었습니다. 이 과정에서 한국가정어린

이집연합회가 필리핀 바챠에 '한가연바챠어린이집'과 라오스에 '우돔싸이어린이집'을 건립하고 코로나19로 미뤄두었던 준공식을 2023년 1월과 9월에 다녀오기도 하였습니다.

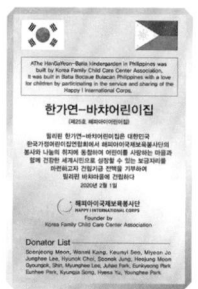

2024년에는 해피아이국제보육봉사단 전남지부, 광주지부, 경기지부가 발대식을 통해 앞으로 동남아 저개발국가에 어린이집 건립을 적극적으로 추진하여 사랑을 실천하기를 다짐하는 시간을 갖기도 했습니다.

이 모든 것이 윤덕현 회장님의 '기부는 사랑입니다. 사랑의 씨앗을 지금 심어야 합니다.' 라는 명언 같은 말씀을 통해 많은 사람이 공감하고 함께 실천해 더불어 나가는 선구자적인 역할 때문이라고 감히 말할 수 있습니다.

끝으로 형제들아, 무엇에든지 참되며 무엇에든지 경건하며 무엇에든지 옳으며 무엇에든지 정결하며 무엇에든지 사랑받을 만하며 무엇에든지 칭찬받을 만하며 무엇 덕이 있든지 무슨 기림이 있든지 이것들을 생각하라. (빌립보서 4:8)

윤덕현, 보육이 낳은 기적

PART + 03

운명의 우연이 그린 나의 인생

말씀 안에서 자라다

 해남군 옥천면 팔산리 알뜰한 보금자리를 이룬 시골의 농촌이 나의 고향이다. 7남매 중 첫딸인 어머니와 5남매 중 막내인 아버지 사이에서 나는 형과 누나, 남동생 3명과 여동생 2명을 둔 셋째 아들로 태어났다. 아버지는 47세의 이른 나이에 막내 남동생은 얼굴도 확인하지 못한 유복자로 하나님의 품에 안기셨다.
 일찍 아버지를 여읜 혹은 가족의 누군가를 잃은 시골 출신이라면 누구나 제사에 대한 특별한 기억 몇 개 쯤은 가지고 있을 것이다. 모여드는 친척들, 제사 준비를 위한 어른들의 부산한 움직임, 평소와는 다른 상차림 등 어린 마음을 자극할 것들이 가득한 기회였으리라. 누군가에게는 공통된 기억으로 회자되는 제사가 나의 인생사에서는 전혀 존재하지 않았다. 흔치 않은 가정환경에서 자랐다고 해도 좋을 정도로 평생 제사라고는 모르고 살았다.

여느 시골 가정이었다면 꽤 열심이었을 제사와 인연이 없는 인생을 살게 된 건 마을에 있는 교회 덕분이었다. 해남 옥천에 자리한 우리 마을에는 꽤 일찍부터 교회가 있었다. 운명이라고 해야 할까. 친가도 외가도 예수를 믿는 집안이었으니 제사와 연이 없는 건 당
연했다. 그렇게 어릴 때부터 나의 일상에는 하나님의 사랑과 가르침과 교회라는 공동체가 깊이 자리잡고 있었다. 나 뿐만이 아니다. 외갓집 자손들도, 형제 자매는 물론이고 친가쪽 친척들도 모두 목사, 장로, 권사로 주님을 섬기고 교회를 중심으로 하는 봉사의 삶을 유업으로 이어가고 있다.

매 주일 아침마다 어머니 손을 잡고 교회로 향하는 일이 제사보다 더 익숙했던 나의 일상에는 하나님의 사랑과 예수님의 가르침, 그리고 교회라는 공동체가 깊이 뿌리내리고 있었다. 무엇보다 교회를 가까이 하는 생활을 늘 실천하셨던 어머니 덕분에 나에게 교회는 단순히 예배를 드리는 장소를 넘어 없어서는 안 될 존재로 자리잡았다. 예배 또한 진정한 믿음을 이해하기 힘든 어린 시절부터 일상으로 늘 나와 함께 했다. 그렇게 교회의 교리와 성경 말씀은 인생의 축을 이루었다. 교

회 공동체를 중심으로 살아가는 인생. 그 옛날 흔하고 흔한 제사보다 나에겐 익숙했던 건 교회와 함께 하는 삶이었던 것이다.

  그렇게 교회는 우리 가문에 있어서 단순한 신앙의 구심점 이상으로 존재하고 있다. 교회를 통해 우리는 서로의 삶을 나누고 하나님께 받은 사랑을 이웃에게 나누어 주며 살아왔다. 외갓집 후손들뿐만 아니라 내 형제자매와 친척들 모두 주님을 섬기며 교회를 중심으로 봉사하는 삶을 이어가고 있다는 사실이 무엇보다 자랑스럽다. 하나님께 받은 은혜를 남들과 나누고, 그분의 사랑을 실천하는 삶을 살아가는 것이 우리 가문에 있어 가장 큰 유업이 되었다.

철공소의 어린 소년

아버지를 일찍 여읜 탓에 우리집은 어려웠고 나의 배움이 국민학교 과정에서 끝난 것도 그러한 이유 때문이었다. 국민학교 졸업 무렵부터 힘든 가정형편이 감당하는 입을 하나 줄여야겠다는 생각을 하는 어린아이였으니 분명 풍족한 삶은 아니었다.

국민학교 졸업 후 부모님께 기대는 삶은 끝이 났다. 당시에는 경제적으로 꽤나 여유있는 집이 아니라면 모를까 기본적인 교육을 마친 아이들은 곧바로 일을 하는 경우가 많았다. 평균보다 조금 더 어려운 형편이었으니 나 또한 예외가 아니었다.

'이제 내 밥벌이는 내가 해야 해. 그래야 조금이라도 가정에 도움을 줄 수 있어!'

14살의 어린 내가 고향을 떠나 향한 곳은 장흥이었다. 사촌 누나가 장흥읍 건산리에 살고 있었고 이런 인연으로 나도 장흥으로 오게 된 것이다. 친척의 결혼으로 이어진 관계 덕분에 장흥으로 오게 된 것인데 지금 생각해 보면 어느 것 하나 그저 그런 우연은 없는 것이 인생인가 하는 생각을 하곤 한다. 왜냐하면 내가 장흥에서 일하게 된 우연 덕분에 지금의 아내를 만나게 됐기 때문이다.

 장흥에서 처음 시작한 일은 신문배달이었다. 신문배달은 지역 상가와 골목골목을 잘 알 수 있었다.

 다음 내가 일하게 된 곳은 철공소였다. 지금이야 반듯한 도로도 여럿 생겨서 차만 있다면 서울로 이동하는 것도 별일 아닌 세상이 되었지만 그때는 지금과 딴판이었다. 울퉁불퉁한 길, 드문드문 있는 버스는 고향에서 장흥까지의 거리를 한없이 멀게 만들었다.

 무엇보다 나를 가장 힘들게 했던 것은 어리고 연약한 마음이었다. 아직 가족 곁에서 더 머물러도 좋을 나이에 고향을 떠나 낯선 곳에서 지내야 한다는 사실은 어린 나에게 큰 불안과 두려움으로 다가왔다. 그 나이의 아이가 감당하기에는 너무도 무거운 상황이었다. 하지만 우리 집은 궁핍했고 그런 상황은 나를 마을 밖으로 내몰았다. 내가 자라던 고향을 떠나 장흥의 철공소로 향하게 된 이유도 단 하나, 그 외에는 다른 길이 없었기 때문이다. 먹고 살기 위해서는 기술을 배워야만 앞날을 조금이라도 밝게 볼 수 있었다.

 다른 아이들이 부모 곁에서 보호받고 공부하며 생활할 때 나는 생존을 위해 철공소로 가야 했다. 그때는 무서웠다. 내가 알지 못하는 곳에서 내가 해본 적 없는 일들을 배워야 하는 상황은 어린 마음에 커다란 부담이었다. 철공소는 처음 나에게 너무 낯설고 차가운 공간이었다. 두꺼운 작업복을 입고 거친 철과 기계 속에서 보내는 날들은 내게 너무도 무겁고 힘겨웠다. 어린 나에게 철공소는 단순히 기술을 배우는 공간이 아니라, 생존의 한 형태였다. 처음에는 기계의 소음과 기름 냄새, 그리고 날카로운 도구들이 나를 위축시켰다. 하지만 그것은 나의 현실이었고 다른 선택지는 없었다. 철공소에서의 생활은 힘들었지만 나는 그곳에서 기술을 배워나갔다.

철공소에서의 시간은 단순히 기술을 익히는 것 이상이었다. 그곳에서 나는 삶이 무엇인지, 생존을 위해 어떤 마음가짐을 가져야 하는지 배웠다. 매일 반복되는 고된 노동 속에서도 조금씩 내가 할 수 있는 것들이 늘어갔다. 처음에는 작은 일들부터 시작했다. 철을 자르고 기계를 돌리고 선배들이 시키는 일들을 하나하나 익혔다. 시간이 지나면서 철공소에서의 일은 점차 익숙해졌고, 내가 조금씩 선반, 용접 등 기술자가 되어가고 있었다.

철공소에서의 경험은 나를 강하게 만들었다. 육체적으로도 정신적으로도 강해지지 않으면 버틸 수 없는 환경이었다. 나는 그 속에서 스스로를 단련해 나갔고 기술을 배우는 과정에서 내 인생의 방향을 조금씩 정해 나갔다. 물론, 그 시절에는 그저 살아남기 위해 발버둥치는 나날이었지만 지금 돌아보면 그때의 경험들이 나를 더 단단하게 만들었다는 것을 깨닫는다.

철공소에서 기술을 배우며 보낸 시간은 내게 많은 것을 남겨주었다. 철을 다루는 법 기계를 고치는 방법을 익히면서 나는 먹고 살기 위한 방법뿐만 아니라 내가 앞으로 나아갈 방향을 찾아가고 있었다. 철공소는 단순히 생계를 유지하기 위한 장소가 아니었다. 그곳은 내가 성장하는 장소이자 과정이었고 이후 내 앞날을 위한 하나의 방법이었던 것이다.

그래서 눈앞에 주어진 일에 최선을 다했다. 내가 어린 시절에는 기술을 배울 때는 월급이라고는 없었다. 지금처럼 꼬박꼬박 월급을 받는 그런 환경은 아니었지만 노동에 합당한 댓가가 주어지지 않아도 나에겐 모든 것이 기회였다. 기술을 배우는 데다가 먹고 자는 일을 해결할 수 있다는 것 자체가 나에겐 그저 감사한 일이었다. 그래서 배우고 또 익혔다. 철공소 기술을 가지고 언젠가는 나만의 사업체를 가질 것이라는 꿈도 키웠다. 희망이 가득한 미래를 상상하며 하루하루를 살아가는 일상. 물론 그 과정에는 잊고 싶은 순간도 많았고 후회되는 선택을 하기도 했다. 하지만 이런 저런 시간이 차곡차곡 쌓여가며 조금씩 어른이 되었고 어느덧 결혼할 나이에 이르렀다.

"자네도 이제 나이가 찼겠다. 결혼을 해야하지 않겠는가. 내가 소개해 주고 싶은 사람이 있는데 말야."

어느 날 철공소 사장님은 나에게 예상치 못한 제안을 건넸다. 그저 제몫을 다하는 기술자가 되겠다는 생각만 가진 나에게 결혼은 조금은 먼 이야기 같았다. 하지만 지금의 아내를 처음 보았을 때, 나는 순간적으로 이런 사람과 함께 가정을 꾸리고 싶다는 마음이 들었다. 기술을 배우는 일에만 열중하며 살아오느라 경제적으로 이룬 것은 거의 없었고 삶의 기반도 제대로 갖추지 못한 상태였다. 하지만 아내를 만난 순간, 나는 그녀와 함께라면 미래를 그려볼 수 있겠다는 확신이 생겼다. 나의 부족한 부분에도 불구하고 그녀와의 결혼을 결심한 것은 그녀가 내게 있어 큰 힘이 될 것이라는 믿음 때문이었다. 경제적인 준비는 부족했지만 아내와 함께라면 더 나은 미래를 만들어갈 수 있을 것이라는 희망이 나를 결혼으로 이끌었다.

그렇게 우리 두 사람은 하나님의 은총 안에서 부부의 인연을 맺었다. 지금의 아내를 만난 것은 운명 그 자체였다. 내 삶은 늘 무모하고 불확실한 길을 걸어왔고 그 과정에서 수많은 도전과 실패를 경험했다. 그러나 그 모든 순간에도 나를 믿어주고 변함없이 지지해준 사람은 아내뿐이었다. 무모하다는

 말로밖에 설명할 수 없는 내 행보에도 아내는 언제나 내 곁에서 응원을 아끼지 않았다. 그녀는 나의 온전한 편이었고 세상이 나를 외면할 때에도 변함없이 나를 믿어주었다. 이런 아내가 있었기에, 나는 어려운 순간들을 이겨낼 수 있었고, 지금까지 나아갈 수 있었다. 그 당시 처갓집도 가난하고 형제들도 8남매 중 큰딸이어서 아내가 결혼을 빠른 나이에 한 것 같다.

 운명에 이끌리듯 나는 장흥의 철공소에서 일하게 되었다. 당시에는 그저 먹고 살기 위한 선택이었지만 돌이켜보면 그 결정이 나의 인생을 바꾸는 중요한 전환점이 되었다. 장흥에서 일하며 기술을 익히는 동안 나는 내 인생의 동반자, 이인

자를 만나게 되었기 때문이다. 그녀와의 만남은 그저 우연이 아니었다. 우리가 함께 한 시간 속에서 서로의 마음을 확인했고 결국 백년가약을 맺게 되었다. 결혼이라는 인연의 시작은 나에게 큰 축복이었다.

우리의 삶은 장흥에서 시작되었다. 철공소에서 일하며 바쁘게 살아가던 날날 속에서도 아내와 함께하는 삶은 늘 큰 위안과 기쁨이 되었다. 그렇게 우리는 가정을 꾸렸고 장흥에서 눈에 넣어도 아프지 않을 정도로 사랑스러운 두 딸을 얻었다. 딸들이 태어나며 우리 가정은 더할 나위 없이 행복해졌다. 작은 손길과 웃음으로 가득한 집은 늘 따뜻했고 하루하루가 감사의 연속이었다.

신혼살림의 시작은 남의 집 작은 방에서 부엌도 작아서 사과 괴짝을 엎어놓고 시작한 그 순간도 꿈을 꾸는 행복이다.

장흥이라는 아담한 지역에서 우리는 가족의 소중함을 느끼며 살았다. 철공소에서의 고된 일 속에서도 아내와 딸들이 나의 힘이 되어 주었고 그들이 있어 나는 매일 더 나은 삶을 위해 노력할 수 있었다. 어여쁜 딸 둘과 사랑하는 아내와 함께한 장흥에서의 시간들은 나의 인생에서 귀한 순간들로 남아 있다.

나는 언제부터인가 마음으로 다짐하기를 30세가 되면 독립해서 철공소 사장이 될 것이라는 희망의 끈을 꿈꾸고 있었다. 그 꿈이 30살에 대덕에서 철공소를 시작하게 되는 계기가 된 것이다.

독립의 꿈을 현실로!

하나님께서 준비해주신 반려자와 가정을 이룬 후, '독립'이라는 단어가 현실적으로 와닿게 된 것은 내가 서른이 되었을 때였다. 철공소에서 일을 배우며 나는 언젠가 나만의 사업체를 갖고 싶다는 소망을 막연하게 품어왔다. 하지만 그때까지만 해도 그것은 단순한 꿈에 불과했다. 철공소에서 기술을 익히고 경험을 쌓는 동안 나의 목표는 그저 기술을 완벽히 배우는 것이었지 구체적으로 언제 독립할지 계획을 세우지는 않았었다.

그러나 어느덧 서른 즈음이 되었을 때 그 소망은 점차 현실로 다가왔다. 하나님께서 나에게 주신 가정과 반려자는 나에게 더 큰 책임감을 심어주었고 내가 이끌어야 할 가족이 있다는 사실이 나를 더욱 성숙하게 만들었다. 결혼으로 인해 나에게 생긴 가족은 그저 내가 책임져야 할 대상이 아니라 나를 성장하게 만드는 원동력이었다. 그때 주변에서도 독립을 제안하는 목소리가 들려오기 시작했다.

"그 정도 기술을 가지고 있으면 이제 독립할 때도 된 것 같은데? 자네 생각은 어떤가?"

"언제까지 여기서 일할 생각인데! 이제 자네 사업을 해야 하지 않겠는가!"

오랜 시간 철공소에서 쌓은 기술과 경험을 바탕으로 이제는 나만의 사업을 시작해볼 때가 되지 않았냐는 권유였다.

그 제안은 나에게 구체적인 방향성을 제시해 주었다. 결혼과 가정이라는 새로운 환경 속에서 나도 이제 독립적으로 사업체를 운영할 준비가 되었다는 확신이 들었다. 철공소에서 배운 것들을 바탕으로 새로운 도전에 나설 준비를 하게 되었고, 하나님께서 준비해주신 가정과 함께 나는 더 큰 결심을 할 수 있었다.

그 정도 기술력이면 홀로서기를 해도 충분하다고 조언을 아끼지 않았던 철공소 손님들의 반응을 떠올리며 독립을 위한 구체적인 계획을 머릿속에서 그려나가던 때였다. 의욕은 충만했지만 당시 나는 모아둔 돈이 딱히 없었다. 기술을 가르쳐주고 숙식을 제공해 주는 일자리를 가지고 있는 것만으로 감사할 때였으니 당연했다. 독립이라는 꿈과 현실적인 곤란함 사이에서 고민하고 있던 나에게 기적이 다가왔다. 오랜 기간 철공소에서 기술을 익혀 왔다지만 독립해서 사업체를 운영한다는 것은 또 다른 영역의 이야기다. 다시 말하면 철공소에서 사용하는 기술을 안다고 해서 운영까지 잘한다는 보장도 없다는 뜻이다. 이런 초보 사업자에게 누가 투자를 해 주겠는가.

독립이 머나먼 소망으로 나의 곁을 떠돌던 그때였다. 사촌형님이 큰 결단을 내려 주셨다.

"내가 도와주마. 지금까지 해 온 걸 봤을 때 너라면 혼자서 충분히 해낼 수 있을 것 같구나."

기술력만 있는 초보 사업자인 나에게 사촌형님은 사업 자금으로 쓰라며 쌀 100가마니를 선뜻 내어 주셨다. 지금 생각해도 참으로 대단하신 분이다. 도대체 나의 무엇을 보고 그리 큰 결정을 내리신 걸까. 군말없이 착실하게 기술을 배웠다는 사실 하나만으로 과감한 투자를 결심하시다니. 만약 나라면 도움이 필요한 누군가에게 주저없는 결단력으로 도움을 줄 수 있을까. 하지만 형님은 뜻을 정했고 한치의 망설임도 없이 나에게 손을 내밀어 주셨다. 그 대담한 결정이 한 사람의 인생에 새로운 길을 제시했다. 지난 시간을 되돌아 볼 때마다 사촌 형님이 떠오르는 것도 이때가 내 인생의 중요한 분기점 중 하나라 여기기 때문이 아닌가 싶다.

그렇게 1968년에 우리 가족은 장흥읍에서 대덕면으로 향했다. 사촌형님의 쌀 100가마니는 그곳에서 내가 철공소를

열 수 있는 길을 열어 주었다. 당시에는 기술자가 귀했고 기계 수리를 할 수 있는 기술자를 만나려면 철공소가 있는 장흥까지 가야 했다. 교통편이 여의치 않았던 그때, 기계를 가지고 장흥까지 가는 건 상당히 번잡하고 어려운 일이었다. 혹 장흥에서 해결되지 않는 고장일 경우 광주까지 가야 했는데 이는 상당한 시간과 비용의 부담을 가져왔다.

"예전 같으면 이것들 다 이고지고 장흥으로 아니면 광주로 가야했었는데 이렇게 가까운 곳에 철공소가 있으니 어찌나 편한지 모르겠소!"

당시의 그런 상황을 생각하면 대덕에 철공소를 차리는 건 신의 한 수였다. 없으면 안 되는 기계가 고장날 때마다 불편한 교통 상황을 감내해 가며 장흥 혹은 광주까지 가야했던 지역에 첫 철공소가 생기니 문지방이 닳는 건 당연한 일이었다. 사업은 생각보다 일찍 성업했고 철공소도 빠르게 자리를 잡아갔다. 주머니 사정도 제법 두둑해졌다. 모든 것이 그저 순조롭게 굴러갔다.

그때 대덕 간척지 사업이 농지로 변화하는 과정에 큰 공사가 시작되었는데 꽤 많은 중장비가 둑을 보강하고 농로를 만들고 수로를 만드는 사업이 시작되어 철공소 일이 너무 많아 밤낮으로 쉬지 않고 일을 했던 그 순간이 내 인생의 탄탄대로의 기초가 되었다.

지금 생각해 보면 내 인생에 기막힌 기회가 되었다. 참 많은 도움이 되었다. 돈을 많이 벌 수 있었다.

교회를 개척하다

　30대의 성공은 나의 사회적 위치에도 큰 영향을 끼쳤다. 장흥 철공소에서 일하게 되었을 때는 생각지도 못한 경제적 성취에 나 또한 놀랐다. 하지만 그보다 더 놀라운 것은 나는 이제 그저 철공소를 운영하는 실력있는 기술자가 아니라는 사실이었다. 철공소가 잘 될수록 나를 향한 사람들의 시선도 달라졌다. 철공소의 성공은 나에게 지역 유지라는 타이틀을 안겨 주었다. 사람들은 기계를 잘 다루는 역할과 더불어 지역의 현안에도 관심을 갖고 적극적으로 대처해 주길 원했다. 그저 부족해보이기만 하는 나에게 주변 사람들은 지역의 중요한 일을 맡아주길 원했고 나는 감사한 마음으로 그 기대에 부응하고자 최선을 다했다. 마을개발위원 등의 감투를 쓰게 되었고 그게 걸맞는 지역 사회 활동에도 활발히 참여했다.
　대덕 내 지역 현안 뿐만이 아니다. 교회 내 활동에도 최선을 다했다. 가정의 주된 활동 영역이 교회 안에 있다고 해도 과언이 아닐 정도로 우리 부부는 교회에 헌신했다. 그때 당시 우리 가족은 신월중앙교회(현 대덕중앙교회)를 섬기고 있었고 부부집사로 누구보다 열심히 교회에 봉사했었다. 우리 부부에게 교회를 중심으로 하는 생활은 당연한 것이었다. 굳건한 믿음의 가정에서 낳고 자란 우리가 아니던가. 무엇보다 철공소의 성공으로 인한 시험을 이겨내기 위해서라도 교회와 밀착된 일상을 살아하는 일은 중요했다. 그래서 우리 부부는 교회에 열심을 다했다.

사업이 성장하고 안정세에 접어듦에 따라 우리의 믿음 생활도 안정기에 접어들 거라 생각했다. 하지만 하나님의 섭리하심은 늘 우리의 예상을 뛰어넘는다.

사업의 안정은 경제적 풍요로움을 우리에게 선사했고 교회 안에서 우리 가정의 위치도 함께 굳건해졌다. 모든 것이 순조롭게 진행되니 우리 부부 또한 신월중앙교회를 기점으로 삶이 전개될 것이라 믿었다. 그렇게 몇 년 정도 신월중앙교회를 섬길 때 쯤이었다. 교회의 전체적인 흐름이 보이기 시작했는데 그 중 하나가 교회에 부임하게 된 목사님들이 오래 계시지 못하고 떠나시는 것이었다.

당시 내 기준에서 참 좋은 목사님이다 생각되었던 손성현 목사님도 다른 곳으로 가겠다는 말씀을 꺼내셨다. 우리 교회에 오신지 1년 정도 되었을 무렵이었다. 이렇게 좋으신 분이 교회를 떠나신다 하니 교인으로서 마음이 불편한 건 당연한 일이었다. 가신다는 분을 붙잡는 것은 도리가 아니었기에 강하게 만류할 수는 없었다. 하지만 이렇듯 많은 목사님이 쉽게 교회를 떠나버리고 마는지 그 이유는 알아야겠다 싶었다.

"떠나야겠다는 뜻은 잘 알겠습니다. 그래도 이건 좀 여쭤보아야겠네요. 목회자라는 분들이 괴롭다고 이렇게 쉽게 성도들을 두고 떠난다고 하시는 건 도저히 이해가 되지 않습니다. 적어도 왜 이런 결정을 내리게 되었는지 이유라도 제대로 알려주시면 안 되겠습니까!"

나의 강한 어조에 목사님은 담담한 어조로 대답하셨다.

"저하고 신월중앙교회는 영이 맞지 않는 것 같습니다. 그래서 여기서 목회를 하는 건 힘들 것 같아요."

목사님은 "영이 다르다"는 표현 외에는 그 어떤 이유도 자세히 언급하지 않으셨지만 짚이는 바가 있었다. 당시 교회에는 은사를 받았다고 주장하는 장로님과 권사님 부부가 계셨는데 아마 그분들의 선을 넘는 언행이 목사님들을 불편하게 한 것 같았다.

영이 맞지 않아서 함께 할 수 없다는 목사님의 설명을 처음 들었을 때 나는 그 뜻을 곧바로 이해할 수 없었다. 대대로 믿는 집안에서 태어나고 자란 나에게 교회는 나와 맞고 맞지 않고를 떠나서 꼭 다녀야만 하는 곳이었다. 그렇다 보니 무엇이 옳고 그른지에 대한 명확한 판단 기준도 없었고 모태 신앙인으로서 믿음을 기반으로 한다기 보다 하나의 습관으로 교회는 내 안에 자리하고 있었다. 이런 내가 보기에 참으로 깊은 믿음을 가진 목사님께서 영이 다르다는 이유로 우리 교회를 떠나겠다는 결심을 하셨단다. 이것은 목사님과 장로님 부부 중 누군가의 영은 잘못되었다는 것을 뜻했다.

 목사님의 "영이 다르다"는 표현은 누군가의 잘잘못을 따지기 이전에 나에게 한 가지 깨달음을 주었다. 그때까지의 내가 해 오던 신앙생활이라는 것은 나의 영과 깊이 관련되지 않을 수도 있다는 사실이었다. 가족 대대로 하나님을 믿고 예수님을 섬겨 왔고 나는 그저 그 길을 따라 걸어왔을 뿐, 내 영혼이 온전히 하니님과 연결되어 있는지에 대해서는 깊이 고민해 보지 않았다. 만약 내가 하니님의 뜻을 제대로 마주하고 영이 통하는 신앙 생활을 해왔다면 목사님의 표현이 무엇을 뜻하는지 모를 리가 없지 않겠는가.

 옳은 영과 그렇지 않은 영이 있다는 사실은 나에게 신앙 생활의 전환점이 되었다. 어머니가 사랑하신 예수님을 그저 따라서 사랑하면 된다고 알고 있었던 나에게 영이 다르다는 목사님의 말씀은 믿음 생활이란 무엇인지 교회는 어떤 의미를 가지는지 다시 곱씹을 수 있는 기회를 안겨 주었다. 그때 처음으로 영과 영이 통하는 신앙 생활을 해야겠다는 생각을 하게 되었다. 내가 존경하는 목사님이 떠나지 않을 교회, 영이 비슷한 교인들과 진실로 교류하며 믿음의 공동체를 만들어

갈 수 있는 교회를 꿈꾸게 되었고 이는 새로운 교회 개척으로 이어졌다.

어디서 그런 용기가 샘솟았는지 지금도 모르겠다. 그때까지만 해도 교회 개척이라는 것은 한 번도 진지하게 생각해 본 적이 없었다. 사업체를 꾸려나가는 일만으로도 벅찬 일상을 사는 사람이 교회 개척이라는 것을 쉽게 꿈꿀 수 있겠는가. 물론 교회를 다니다 보면 여기 저기에서 교회를 개척했다는 소식을 쉽게 접하곤 한다. 하지만 그건 어디까지다 다른 사람들에게 주어진 일이었다. 나같은 평범한 사람이 아닌 좀 더 특별하고 신실한 믿음을 가진 이들이 하는 일이 교회 개척이라 생각했다. 교회 개척은 너무나 큰 일이고 많은 책임이 따르는 일이라고 느꼈기 때문이다.

그런데 어느 순간부터 나의 마음속에 변화가 생기기 시작했다. 나와는 인연이 없을 거라 단언하며 살아왔던 교회 개척이라는 생각이 뿌리를 내리기 시작한 것이다. 물론 처음에는 막연하게 상상할 뿐이었다. 좀 더 구체적인 생각으로 발전하려고 하면 '내가 이런 일을 할 수 있을까?' 하는 의문이 떠오르며 나의 상상은 제대로 된 끝을 보지 못하고 끝나곤 했다. 하지만 반복된 생각은 행동으로 이어진다고 했었던가. 어느 틈엔가 나는 상상을 실천하기 시작했다. 아주 작은 것부터 하나하나 준비하는 과정을 경험하면서 하나님께서 나에게 맡기신 사명이 있다는 강한 확신이 들기 시작했다.

교회 개척을 위해 땅을 구입하고 건물을 짓기 시작했다. 당연히 쉽지 않은 일이었다. 고민과 기도가 매일 반복되었다. 하나님께서 확신을 주셨다고 하지만 한없이 연약한 것이 사람 아닌가. 확신 안에서도 나는 순간순간 찾아오는 불안과 마주했다. 건물을 짓는 과정은 쉽지 않았다. 하지만 일을 진행하면 할수록 하나님께서 모든 과정 속에서 함께하신다는 것을 느낄 수 있었다. 모든 결정과 과정 속에서 나는 그분의 인도하심을 신뢰하며 한 걸음 한 걸음 나아갈 수 있었다.

돌아보면 교회 개척은 사람의 생각으로 되는 일이 아니었다. 하나님께서 나에게 주신 비전과 사명이 있었기에 나는 과감한 선택에 주저없이 뛰어들었고 그 길을 걷게 되었다. 더욱 놀라운 것은 당시 나의 경제적 사정과 더불어 지역 사회의 변화가 교회 개척과 맞물렸다는 사실이다. 1980년 12월 대덕면은 대덕읍으로 승격을 하게 되었고 내가 개척한 교회는 대덕읍교회라는 이름을 가지게 되었다. 개척 시작부터 교회명을 결정하기까지 그 모든 과정을 통해 나는 하나님께서 우리 삶에 개입하시고, 우리가 상상하지 못한 일들을 계획하신다는 것을 다시금 깨닫게 되었다.

교회 가는 길이 좁아서 차가 다니지 못해 어려움이 많았는데 소방도로 계획지역이어서 도로를 내는데 당시 군수였던 김재종 장로님의 도움을 받았던 일이 지금도 그런 우연이 어떻게 있을까 하는 생각을 하게 된다.

유아원과의 운명적인 만남

　교회를 개척하고 얼마 되지 않았을 때였다. 1981년 3월로 기억한다. 1970년대에 대한민국을 휩쓸던 새마을운동의 기세가 한풀 꺾였던 때였지만 군청에는 여전히 새마을과가 있던 시절이었다. 당시 새마을회장을 맡고 있던 이는 나의 지인 중 한 명이었는데 하루는 그 사람이 내게 찾아와 이런 말을 했다.
　"대덕읍교회에서 새마을유아원을 운영해 보는 거 어떻겠습니까?"
　어쩌다가 교회를 개척하긴 했지만 나는 여전히 철공소를 운영하는 기술자일 뿐이었다. 그런 나에게 새마을유아원을 제안하다니. 처음에는 말도 안 되는 일이라고 생각했다. 새마을 회장의 제안 이후 군청 새마을과에서도 교회 내에 유아원을 설치할 수 없겠느냐는 연락이 왔다.
　그때 새마을과 새마을계장으로 있었던 직원이 매형의 조카

였는데 정부 지침으로 유아원을 운영할 곳을 지정해서 보고를 해야 한다며 계속해서 제안을 했고 나는 진지하게 고민을 하게 되었다.

1980년대는 많은 여성들이 적극적으로 경제활동에 참여하기 시작한 시기였다. 과거의 전통적인 사회 구조가 점차 바뀌어 가는 과도기였고 변해가는 지역 사회의 모습을 보면서 유아원이라는 곳의 필요성은 약간의 통찰력을 가지고 있는 사람이라면 누구나 어렴풋이 감지하고 있었을 것이다.

거듭되는 제안과 더불어 눈에 띄게 변해가는 세상의 흐름 속에서 유아원은 대덕읍교회에게 새로운 가능성을 선사해 줄 수 있을지도 모른다는 생각이 들기 시작했다. 아이들을 돌보는 새마을유아원을 운영하게 된다면 신생 교회는 지역 사회에 존재를 알리게 되는 것은 물론 교육과 신앙을 함께 가르칠 수 있는 공간으로 발돋음할 수 있지 않을까. 상상조차 못한 보육 분야와의 만남은 이렇게 시작되었다.

중앙 정부의 지시에 따라 군청에서는 새마을유아원을 운영할 적임자를 찾기 위해 노력했고 나는 그 노력에 답하기로 했다. 철공소를 운영하고 있었기에 보육 분야 지식은 전무한 사람이었지만 지역 사회에서 통용될 만한 신뢰를 쌓아 왔기에 유아원 운영이라는 제안이 나에게 왔다 생각하면 쉽게 거절할 수도 없었다.

"새마을유아원 설립 제안을 받아들이고는 싶지만 아시다시피 대덕읍교회에 유아원을 운영할 만한 공간이나 시설이 없습니다."

대덕읍교회가 대덕읍의 중요한 존재로 각인될 수 있는 기회이긴 했지만 사실 교회에는 유아원을 운영할 만한 자투리 공간이 있는 것은 아니었다. 나와 교회의 의지만으로는 해결이 안 되는 이 문제를 군청에 적극 전달했고 군청에서는 새마을 주택 자금을 이용하여 교회 옆에 작은 건물 하나를 더 짓게 되었다.

당시에는 그저 이렇게 저렇게 일이 흘러간다 생각했었다. 하지만 상당한 시간이 지난 후에 지난 날의 일을 곱씹어 보면 보육 분야와의 만남은 한 사람이 어찌할 수 있는 일이 아니었다. 너무나도 많은 우연이 쌓이고 쌓인 결과였다. 사람의 힘으로 모든 것을 계획하고 계산한다고 해서 원하는 결과를 항상 얻을 수는 없다. 나는 오랜 시간 동안 내 나름의 계획과 결정을 통해 삶을 살아왔지만 내가 통제할 수 없는 일들 속에서 이루어지는 결과들을 보며 그 안에 담긴 하나님의 뜻을 깨닫게 되었다.

내가 아무리 치밀하게 준비하고 노력해도 이루어지지 않았던 일들이 어느 순간 예상치 못한 방법으로 이루어지는 것을 보며 그것이 내 계획이 아닌 하나님의 계획 속에서 이루어졌음을 느낄 수 있었다. 나의 작은 생각과 계산으로는 도달할 수 없었던 길을 하나님께서는 이미 준비하고 계셨던 것이다.

그렇게 우리 부부가 새마을유아원과 인연을 맺게 된지 얼마 되지 않아 철공소 운영 사업에도 변화가 찾아왔다. 기술이 빠르게 발전하면서 농업 현장에서도 새로운 농기계들이 속속 등장하기 시작했던 때였다. 최신 농기계들은 더 정교하고 효율적으로 설계되어 작업 속도와 생산성을 크게 향상시켰다. 하지만 나는 여전히 예전 기술에 익숙한 상태로 최신 기계들을 다루는 데 익숙치 않았다. 오랜 기간 내가 익혀왔던 기술로는 이 새로운 기계들을 제대로 수리하거나 유지 관리하는 것이 쉽지 않게 된 것이었다. 시대의 변화에 곧바로 따라가지 못한 결과 철공소는 예전의 화려한 시절과 점점 거리를 두게 되었고 그 결과 교회와 유아원에 더 많은 관심과 노력을 쏟게 되었다.

새마을유아원에서 어린이집으로

　예상치 못한 우연으로 유아원과 인연을 맺게 된 우리 부부는 유아원 운영에 열심을 다 했다. 교회 건물 옆에 자리한 새마을유아원은 교회의 일부분인 동시에 사회 활동을 하는 가족들의 버팀목이 되어 주었다. 철공소 일이 줄어듦에 따라 우리 부부도 유아원 운영에 집중했고 유아원과 함께 한 시간은 어느덧 10년을 넘어서기 시작했다.

　철공소보다 새마을유아원에 더 시간과 정성을 쏟았다고 하면 다들 유아원이 수익성 높은 사업이라 생각하곤 한다. 하지만 실상은 그렇지 않다. 유아원은 철공소에 비해 수익이 거의 나지 않았다. 오히려 유아원을 운영하기 위해 필요한 재료와 시간, 노력들이 더욱 많이 요구되었다.

　그럼에도 불구하고 새마을유아원을 포기하지 않고 운영해 올 수 있었던 것은 유아원만이 만들어낼 수 있는 행복이 있었기 때문이다. 유아원이 있어 부모들이 안심하고 일터로 향

할 수 있고 아이들은 부모 없는 시간이지만 그래도 안전하고 행복하게 보낼 수 있다. 철공소 또한 막 사업을 시작했을 때는 지역에 절대 없어서는 안 될 존재였고 그런 철공소를 통해 지역 사회에 보탬이 된다 생각하면 일이 마냥 즐거웠다. 유아원도 마찬가지였다. 전혀 다른 분야였지만 지역사회에 꼭 필요한 존재라는 것을 알았기에 유아원에 집중할 수 밖에 없었다.

우리가 새마을유아원을 시작했던 1980년대 농촌 지역에서 유아원이 부모들이 아이를 잠시 맡길 수 있는 장소의 의미가 강했다. 교육적이고 체계적인 보육 개념보다는 아이들이 안전하게 지낼 수 있는 곳이라는 부분이 강조되었던 것이다. 교육을 담당하는 시설이 아니다 보니 교사들 역시 별다른 자격 없이 경험과 열정만으로도 아이들을 돌볼 수 있었다. 우리 부부 또한 특별한 자격 취득 없이 새마을유아원을 10여 년에 걸쳐 운영했다.

그러나 1991년에 영유아보육법이 제정되면서 어린이집에 대한 인식과 운영 방식에 변화의 바람이 불기 시작했다. 가장 눈에 띄는 변화는 명칭의 변화였다. 새마을유아원은「어린이집」이라는 새로운 이름을 갖게 되었다. 변화한 것은 이름 뿐만이 아니었다. 보육에 대한 정부의 관심이 커지면서 법적 지원과 체계가 마련되었고 어린이집이 단순한 돌봄의 공간이 아닌 아이들의 발달과 성장을 돕는 교육 기관 으로 발돋음했다.

어린이집이 보육은 물론 교육 분야도 일부분 담당하게 됨에 따라 보육교사의 자격 기준도 강화되었다. 새마을유아원 시절에는 원장이나 보육교사에게 자격증이나 교육이 특별히 요구되지 않았었다. 아이를 좋아하고 열정만 있다면 누구나 교사가 될 수 있었다. 필요한 것은 보육교사와 부모 사이의 신뢰만 있다면 충분하다고 여겨지던 때였다. 우리 부부와 같이 일하던 보육교사는 이웃의 아이들을 돌본다는 생각으로 운영했다.

하지만 어린이집으로 전환될 때 영유아보육법이 제정되면서 어린이집의 원장과 보육교사는 반드시 자격증을 취득해야만 했다. 이러한 제도의 변화는 우리에게도 변화를 요구했다. 10년여 년의 경험이 있어도 자격증이 우선시되는 상황이 조금은 의아하기도 했지만 어찌보면 체계적인 교육을 받을 수 있는 기회이기도 했다. 현장에서 익힌 경험에 전문적인 지식을 덧입힐 수 있다 생각하자 이 또한 하나님께서 주신 기회처럼 여겨졌다. 그렇게 즐겁고 감사한 마음으로 3개월의 원장 교육을 수료했다.

또 한 가지 중요한 변화 중 하나는 원장에게 보육교사와 원장이 정식 자격을 갖춘 보육 전문가로 인정받게 되었다는 점이다. 전문가를 위한 재정 지원은 월급 지급으로 연결되었다.

10여 년을 봉사 활동이라 생각하며 운영해 온 어린이집(새마을유아원)에서 원장이라고 월급을 받게 된 것이다. 개인적으로도 참 기쁜 변화였지만 나를 비롯해 우리 선생님들과 전국의 어린이집에 종사하는 이들이 경제적으로 안정적인 환경에서 일하게 되어 보육 현장은 많이 달라졌다. 전문적인 지식 습득과 경제적 안정으로 보육 교사들이 아이들의 발달 단계에 맞는 활동을 계획하고 아이들의 정서와 사회성, 인지 능력을 동시에 고려한 교육을 진행할 수 있게 된 것이다. 교사들이 전문성을 갖추고 아이들의 발달을 체계적으로 지원할 수 있게 되면서 어린이집은 '아이들이 잠시 머무는 곳'이 아니라 '아이들이 다양한 경험을 쌓고 성장하는 곳'으로 자리 잡게 되었다.

또한 자격 기준 강화는 보다 엄격해진 어린이집의 안전과 위생 관리를 가능하게 했다. 안전 의식이 낮았던 과거와 달리 응급 처치나 아이들의 안전을 보호하는 다양한 방법들을 교사들이 이수하게 됨에 따라 예전보다 안심되는 조건에서 아이들을 돌볼 수 있게 된 것이다. 이는 교사들이 아이들을 돌보는 데 있어 매우 중요한 부분인 동시에 부모들에게는 믿음을 더하는 요소가 되었다.

도전과 실패로 깨달은 운명적인 만남

누구나 굴곡 없는 평탄한 인생을 꿈꾸지만 현실은 그리 녹록지 않다. 인생은 끝없는 도전과 실패의 연속이고 그 안에서 많은 것을 배운다. 나 또한 한때 도전을 통해 성공의 기쁨을 맛보았다. 어린 견습생 시절을 거쳐 독립하여 나만의 철공소를 시작했을 때는 당연히 걱정이 많았다. 하지만 걱정보다는 할 수 있는 일에 집중하며 한 걸음씩 꾸준히 나아가다 보니 철공소는 마을에서 없어서는 안 될 중요한 사업으로 자리 잡았다. 철공소는 할 수 있다는 자신감과 성취감, 그리고 나와 가족에게 경제적으로 안정적인 생활을 안겨주었다.

철공소를 성공적으로 운영하면서 자본이 축적되자, 나는 다음 단계로 새로운 사업에 도전할 용기를 얻게 되었다. 첫 번째 도전은 정미소였다. 농촌 지역에서는 쌀을 도정하는 일이 매우 중요했기에 정미소는 필수적인 시설이었다. 나는 이 점을 살려 정미소를 열었고 정미소는 꾸준한 수익을 가져다 주었다. 정미소가 안정 궤도에 오르면서 나는 또 다른 사업을 구상했고 지금까지와는 전혀 다른 분야인 김 가공업에 도전하게 되었다. 철공소, 정미소, 김 공장이 함께 운영되던 시기는 나와 가족에게 경제적으로 가장 풍요로운 시기였다. 이 사업들을 통해 나는 안정적인 수입을 얻었고, 마을의 여러 사람들과 협력하며 상생의 의미를 실감할 수 있었다.

하지만 인생이 늘 한결같을 수는 없는 법이다. 예상치 못한 시대의 변화는 나와 철공소의 거리를 멀어지게 했다. 새로운 기술은 따라잡기가 점점 버거워졌고 어느 순간부터 철공소를 계속 운영할 수 없게 될 것이라는 예감이 나를 감싸기 시작했다. 이 과정에서 나는 또 한 번 인생의 굴곡을 마주하게 되었다. 나의 첫 사업인 철공소를 포기해야 할 시점이 온 것이다. 이후 김의 흉작으로 김 가공공장 운영에서도 손을 떼게 되었다. 한때 성행했던 사업을 하나하나 정리하는 일은 정신적으로 힘들었다. 엎친데 덮친다고 집이 경매로 넘어가는 아픈 시간들도 있었다. 다행히도 하나님은 나에게 보육이라는 또다른 길을 미리 예비해 주셨고 실패를 맛보았음에도 정신적으로 비빌 언덕이 있어 나는 좌절에 빠지지 않고 도전을 계속해 나아갔다.

물론 새로운 도전이 항상 쉬운 것만은 아니었다. 철공소가 돈을 벌어다 주던 시절과는 다르게 유아원의 수익은 크지 않았다. 그럼에도 불구하고 나는 유아원 운영에 큰 보람을 느꼈다. 철공소, 정미소, 식품 가공업이라는 도전에서 얻은 경제적 성공과 달리 유아원은 사람들과의 관계와 아이들의 성장 과정을 지켜보는 기쁨을 안겨주었다. 내가 세운 유아원에서 자라는 아이들이 마을의 미래로 성장하는 모습을 보면서 나는 내가 하는 일이 의미 있다고 확신하게 되었다.

처음에는 정신적으로, 이후에는 경제적으로 우리 가족에게 큰 버팀목이 되어 준 유아원과 어린이집! 보육 분야와의 만남이 없었다면 지금의 나도, 우리 가족도 없었을 것이다. 돌이켜 보면 교회를 개척하지 않았다면 유아원을 운영할 일도 없었다. 교회를 세운 것은 제대로 된 믿음 생활을 해보고 싶다는 생각 그 이상도 이하도 아니었다. 교회에 유아원을 짓고 운영하게 될 것이라고 그 누가 상상을 했겠는가. 하지만 교회 개척을 계기로 유아원과 같은 시설의 필요를 알게 되었고 많은 부모들이 자녀를 돌볼 곳을 찾기 어려워하는 현실을 마주하게 되었다. 이로 인해 교회는 자연스럽게 믿음과 더불어 아이들을 기르는 장소가 되었고 교회와 유아원(어린이집)은 우리 가족을 지지하는 기둥이 되어 주었다.

사업 실패로 모든 것을 잃을 뻔했던 때가 있었다. 교회를 개척하지 않았다면 교회 개척을 위해 쓰였던 돈도 다 사라져 버리고 말았을지도 모른다. 개척을 위해 헌금한 그 돈이 내 삶의 든든한 종잣돈이 되었다는 사실을 시간이 지나고 나서야 깨달았다. 처음 교회를 세우기 위해 모았던 돈을 하나님께 드리며 내가 준비한 것 이상으로 채워 주실 거라는 확신이 있었던 것은 아니었다. 하지만 개척을 위한 헌금은 주저 앉으려 했던 나를 일으켜 세웠고 새로운 길을 걸어갈 수 있는 밑바탕이 되었다.

장흥군 첫 번째 사회복지법인 어린이집

새마을유아원은 어린이집으로 명칭이 바뀌었고 우리가 운영하던 유아원도 대덕어린이집이라는 이름으로 새롭게 거듭났다. 시대의 흐름과 국가의 지원 정책에 따라 대덕어린이집도 변화하고 발전했다. 대한민국의 발전과 더불어 보육 분야의 중요성은 더욱 강조되었으며 어린이집 원장으로 상황에 맞는 보육 서비스 제공을 위해 늘 최선을 다했다.

어린이집이 단단히 기반을 다져가는 것과 달리 사업은 자꾸만 기울어 갔다. 어린이집과 사업의 간극이 커질수록 어린이집을 더 제대로 운영해야겠다는 생각이 강해졌다. 당시 우리 부부가 지역 사회를 위해 할 수 있는 일은 더 좋은 어린이집을 만드는 일이라 느껴지기까지 했다.

이러한 우리의 생각이 맺은 열매 중 하나가 바로 대덕어린이집을 사회복지법인으로 전환한 일이다. 1991년, 어린이집이 사회복지법인으로 바뀌게 되면 여러 면에서 안정성과 공공성을 확보할 수 있게 된다. 우선 사회복지법인이 된 어린이집은 국가와 지방자치단체로부터 정기적인 재정 지원을 받는다. 이러한 지원은 교사 급여와 시설 개선 등 어린이집 운영에 필요한 기본적인 재정을 안정적으로 충당할 수 있게 해 주어 운영 안정성을 높여 준다. 결과적으로 보육교사들은 안정적인 근무 환경에서 일할 수 있으며, 어린이집은 필요한 시설을 갖추고 보육 서비스를 질적으로 개선할 수 있는 기반을 마련하게 된다.

또한 사회복지법인은 공공성을 중시하는 특성이 있어 보육 시설이 수익보다는 아이들의 복지와 발달에 초점을 맞추게 된다. 이는 어린이집 운영이 아이들의 전인적 성장을 돕는 교육적 역할을 할 수 있도록 하며 아이들에게 건강하고 안전한 성장 환경을 제공하는 데 도움이 된다.

사회복지법인 어린이집은 또한 저소득층과 맞벌이 가정을 위한 맞춤형 보육 서비스 제공이 가능하다. 정부의 재정적 지원이 있기 때문에 이러한 가정의 아이들에게 보육료를 낮추거나 입소 우선권을 부여하는 등 다양한 혜택을 제공할 수 있다. 이는 보육의 사회적 형평성을 높이고 보육을 필요로 하는 가정의 경제적 부담을 줄여주는 중요한 역할을 한다. 사회복지법인 어린이집은 이처럼 다양한 계층의 가정에 공평한 보육 서비스를 제공함으로써 지역 사회 복지에도 기여하게 된다.

사립 어린이집과 비교했을 때 재정적으로 안정된 환경에

서 운영할 수 있다는 이점이 있지만 다음과 같은 단점도 있다. 사회복지법인 어린이집 공익성을 최우선으로 하기 때문에 운영 자율성이 제한적이다. 예산 사용과 프로그램 운영은 정부와 지방자치단체의 지침을 따라야 하며 수익을 창출하거나 특성화된 교육 프로그램을 도입하는 데 어려움이 있다. 또한 정부의 보조금을 받는 만큼 행정 절차가 복잡하다. 보조금 사용 내역을 꼼꼼하게 보고하고 매년 평가와 감사를 받아야 하므로 행정적 부담이 크고 보육 및 교육에 필요한 자원이 소모되기 쉽다. 정부의 제정 지원이 때로는 걸림돌이 되기도 한다. 예산 상황에 따라 지원금이 줄어들거나 필요한 시설 개선과 교사 처우 개선에 제약이 생길 수 있기 때문이다. 따라서 사회복지법인 어린이집은 공공성과 투명성, 그리고 질 높은 보육 서비스를 제공하겠다는 운영자의 의지가 매우 중요한 요소로 작용한다.

어린이집을 단순한 사업이 아닌 사회에 기여하는 기관으로 간주해 사회복지법인 설립을 주저없이 선택한 나의 결정은 내 인생의 행보를 바꾸는 하나의 계기가 되었다. 이후 나는 장흥어린이집 연합회장을 역임했고 이 경력은 훗날 전라남도 어린이집 회장이라는 더 큰 책임을 맡는 발판이 되었다. 이를 통해 지역 내 어린이집의 질적 향상을 도모하고 아이들이 보다 건강하고 안전한 환경에서 자랄 수 있도록 노력할 수 있었다.

가족과 함께 해 온 인생이라는 모험

 장흥과 대덕은 내게 세상에서 가장 특별한 곳이다. 장흥에서 결혼해 가정을 꾸렸고 그곳에서 소중한 딸 둘을 얻었다. 큰딸은 1966년에 태어났고, 둘째 딸은 1968년에 태어나서 다복한 가족의 기쁨을 맛보았다. 이후 대덕으로 이사해 아들 둘을 낳았으니 셋째는 1970년생 막내는 1972년생이다. 딸 둘과 아들 둘 모두 두 살 터울로 태어나 자라며 큰 문제를 일으킨 적 없는 소중한 자녀들이다. 세상에서 가장 어렵다는 것이 자식 농사라지만 우리 아이들을 키우며 경험한 작은 난관들은 돌이켜 보면 오히려 우리 가족을 단단하게 만들어 준 소중한 기회가 되기도 했다.

 아이들이 자라면서 우리의 삶에는 크고 작은 어려움들이 많았다. 사업의 성공과 실패로 인한 경제적인 부담부터 병치레 등 삶의 여정에서 누구나 겪는 문제들이었지만 함께 이겨내며 우리 가족은 더 단단해졌다. 때로는 부모로서 깊이 고민하고 해결책을 찾기 위해 밤잠을 설쳐야 했던 순간들도 있었다. 한국의 여느 부모처럼 우리 부부도 아이들이 아프거나 사고로 다쳤을 때, 입시를 앞두고 고민할 때, 취업을 앞두고 힘들어할 때 물심양면으로 지원하지 못한 우리의 무능을 탓하기도 했다. 하지만 시간이 지나면서 이런 고비들은 우리 인생의 좋은 경험으로 작용했다. 이로 인해 아이들도 삶의 굴곡을 이해하고, 각자의 가정을 이루며 성숙한 부모가 될 수 있었다고 믿는다.

무엇보다 감사한 일은 우리 자녀들이 건강하게 자라 각자 인생의 길을 충실히 걸어가고 있다는 사실이다. 네 아이 모두 자신의 삶을 살아가며 가족을 이루었고, 부모로서의 나를 기쁘게 해 준다. 자녀들이 자라는 모습을 지켜보며 어떤 것도 쉽게 얻어지지 않았지만 각자 어려운 순간을 이겨내며 건강하고 행복하게 살아가는 모습을 보면 그 자체로 큰 보람과 감사가 느껴진다.

가끔씩 내 삶을 돌아보며 느끼는 것이지만, 나를 둘러싼 여러 우연들이 어찌나 절묘한지 놀라울 때가 있다. 아이들이 자라면서 겪었던 크고 작은 일들을 떠올릴 때마다 그 모든 일이 단순한 우연이 아니었음을 깨닫게 된다. 젊을 때는 드문드문했을지 모르겠지만 지금은 확실히 안다. 하나님의 보이지

않는 손이 나와 우리 가족 한명 한명을 이끌어 왔다는 사실을 말이다. 그래서 순간순간이 특별하고 의미 있는 여정이었고 어떤 일은 세상에 다시 없을 어려움으로 다가왔지만 결국 우리 삶에 큰 축복이 되기도 했다.

자녀들이 성장해 각자 가정을 이루고 자신들의 자녀를 키워가는 모습을 보며, 우리는 묵묵히 부모로서의 삶을 다해왔다는 자부심과 함께 깊은 감사를 느낀다.

믿음의 유산이 내린 굳건한 뿌리

팔산가오는 나의 외할머니 후손들이 모이는 모임 이름이다. 외할머니 존함을 따서 모임 이름을 지었다. 이모 할머니가 돌아가신 이후 팔산가오의 활동도 끝이 났지만 꽤 오랫동안 후손들이 정기적으로 모여 친척들간의 교류를 도모해 왔다. 30명-40명이나 되는 인원이 1박 2일의 시간을 함께 보내는 이 모임에 대해 이야기를 하면 다들 대단하다고 말한다. 요즘같이 바쁜 세상 3대가 한 자리에 모여 얼굴을 마주하는 게 말처럼 쉬운 일이 아니기 때문이다.

이제는 즐거운 추억으로 남은 팔산가오이지만 이 모임을 떠올릴 때마다 나는 가슴이 벅차오른다. 평소 얼굴 보기 힘든 이들이 열일 마다하고 한자리에 모이는 것도 그렇지만 모임에 참석한 한 명 한 명을 보면 기도가 지닌 힘이 고스란히 느껴지기 때문이다. 후손들 중에는 장로, 권사, 집사, 목사, 의사로 각자의 자리에서 소명을 다하며 살아가는 이들이 많다.

나의 경우에는 내 자녀들을 보며 어머니의 기도가 낳은 은혜를 떠올린다. 우리 부부의 기도만으로는 어림도 없다고 생각될 정도로 두 아들, 두 딸은 잘 자라 주었다. 중소기업진흥공단에서 일하는 큰 아들, 여행사를 운영하는 둘째 아들, 보육 분야아 교육 분야에서 최선을 다하고 있는 두 딸들을 볼 때마다 후손들에게까지 닿는 기도의 힘을 피부로 느낀다.

손자 손녀들 또한 각자의 적성에 맞게 인생이라는 길을 걷고 있다. 은행에서 일하는 녀석이 있는가 하면 아이돌 가수가 되어서 세계를 종횡무진 누비고 다니는 녀석도 있다. 그저 부족해 보이기만 하는 우리 부부에게서 이렇듯 자신의 길을 당당히 개척해 나가는 자녀들과 손자 손녀들이 태어났다는 것이 때로는 기적처럼 생각될 때도 있다.

하지만 기적이라 치부하기에 우리 어머니의 기도는 너무나 애절했고 강렬했으며 또 거대했다. 어머니는 평생 가난에 시달리면서도 기도만큼은 쉬지 않으셨다. 기도 외에는 무엇을 물려줄 여유도 없었던 분이셨다. 그분의 간절한 기도가 이렇게 후손들에게까지 스며들어 자손들이 각자의 삶 속에서 복을 누리고 있다는 사실이 그저 놀랍고 감사할 뿐이다. 성경에 "천 대까지 복을 주신다"는 말씀이 있다. 어머니의 기도가 이 말씀처럼 우리 가족을 지켜 주고 계신 것이 아닐까. 그 기도로 인한 결과라 생각하면 모든 것이 그저 당연하다 여겨진다.

그만큼 절절한 기도의 힘은 대단하다.

 지금 나와 내 자녀, 손자 손녀들이 누리고 있는 많은 축복들은 어머니의 믿음에서 비롯된 것이라 생각한다. 비록 물질적으로는 아무것도 남기지 못했지만 어머니의 기도는 오히려 그 무엇보다 강하고 오래 남아 우리 가문을 지탱해 주고 있다. 후손들이 올바른 길을 걸으며 자신의 자리에서 최선을 다하는 모습을 볼 때마다 어머니가 하늘에서 지켜보며 흐뭇해하실 것 같다.

2024년 캄보디아 쯔럭르싸이 평화어린이집 준공식

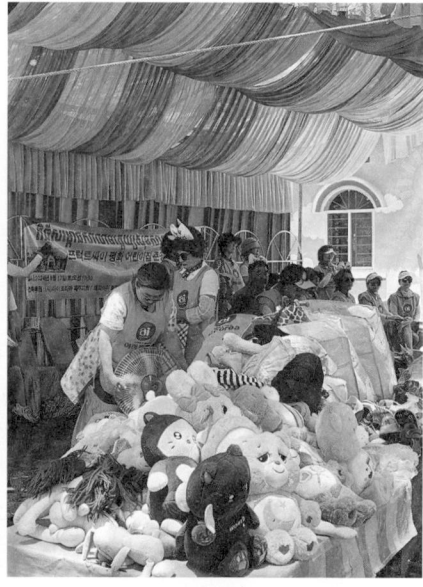

2024년 캄보디아 쯔럭르싸이 평화어린이집 준공식

2024년 캄보디아 쯔럭르싸이 평화어린이집 준공식

2024년 캄보디아 쯔럭르싸이 평화어린이집 준공식

윤덕현, 보육이 낳은 기적

PART + 04

축사

+ 축사 +

윤덕현 회장님의 자서전 추천서를 쓰게 됨을 영광으로 생각합니다

  우리의 처음 만남은 어린이집 전남회장님으로 저는 충북 회장으로 만났으며 만나고 보니 형님 동생이 되고 함께 서로 협력하여 한국어린이집 총연합회 회장님으로 추대되어 혼잡했던 연합회를 정상적이고 안정적인 괘도에 올려놓은 분이 바로 윤덕현 회장님이셨습니다.

  그분 성품과 온유함이 그대로 몸에 배이셨기에 남을 배려하며 사랑으로 안아주신 분이기에 어떤 난관도 기도로 잘 해결하신 분입니다.

  윤덕현 회장님은 교회 장로님이십니다. 대덕읍교회를 개척하셨고 대덕어린이집을 설립하셔서 은퇴와 동시에 그곳에 기부하셨지요. 자녀들 있지만 그 자녀들에게 줄만도 한데 모두 지역에 기부하셨습니다.

한 가지 더 위대한 일은 해피아이국제보육봉사단을 창립하여 초대 단장으로 동남아이 개발도상국에 어린이집을 지어주는 사업을 하여 베트남, 캄보디아, 미얀마, 필리핀, 라오스, 네팔, 우즈베키스탄, 인도네시아 등 여러 나라에 어린이집 45개를 신축해서 그곳 나라에 기증하는 일을 하여 지금도 계속 진행 중에 있습니다.

가끔 우리는 인간적인 시각으로 사람의 크기를 이야기할 때가 있습니다. 그러나 영적 시각 하나님의 심미안으로 사람을 봐야 합니다.
인간적인 시각으로 작게 보일지라도 하나님께서 중요하게 보시는 사람이 있습니다. 바로 이분 윤덕현 장로님이십니다. 이 책을 읽으신 분이면 살아온 과정과 삶의 교훈을 생각하면서 우리도 새로운 미래를 꿈꾸는 모두가 되셨으면 합니다.
감사합니다.

해피아이국제보육봉사단
단장 임 동 진

+ 축사 +

보육의 역사,
윤덕현 회장님 회고록 발간을 축하드립니다

  윤덕현 회장님 회고록 출간 소식을 접하게 되니 더없이 반갑고 기쁩니다. 윤덕현 회장님 한 분의 삶을 넘어 한국 보육의 역사가 사라지지 않고 기록되는 뜻깊은 일이기 때문입니다. 회장님의 삶은 보육, 교육 그리고 이 나라 어린이를 위하여 중요하고 필요한 곳에 주춧돌을 놓고 대들보를 세우시느라 동분서주하신 모습 그 자체입니다. 국가와 사회에 헌신하시며 리더십을 발휘하시는 모습을 누군가는 「보육계의 DJ」라고 하신 말이 생각납니다. 어렵고 험난한 보육의 역사를 담아냄으로써 보육 발전의 발자취는 물론, 후배들에게 열정과 보람의 길잡이가 될 책의 출간이 기다려집니다.

  윤덕현 회장님을 처음 뵌 것은 1990년 중반이었던 것으로 기억합니다. 제가 회장으로 일하였기에 전남대학교에서 개최된 삼성복지재단 광주어린이집교사연수원, 한국유아교육학회, 세계유아교육기구 한국위원회 등의 유아교육·보육연수에 늘 참여하셨습니다. 어린이를 위한 학술세미나에도 자주 참석하셨던 일이 생각납니다. 2015년 5월 한국교원교육학회에 참석하신 후 회원, 예비회원, 미래의 회원까지 확장하고픈 저의 회장 인사말을 저보다도 더 명료하게 요약하시는 모습에 놀란 적이 있습니다. 끊임없이 공부하시고 탐구하시는 회장님의 모습이셨습니다.

1999년, 다른 일정으로 제가 도저히 시간을 낼 수 없었을 때, 회장님께서 전남 보육시설장연찬회 특강을 그것도 바로 다음날 강의를 부탁하셔서 밤새워 준비하여 달려간 기억이 납니다. 한두달 전에 의뢰한 강의도 맡지 못하는 상황이었지만 회장님의 원장님들을 생각하시는 간절한 언어는 차마 못하겠다고 할 수 없는 정서를 가지고 계셨습니다. 따뜻하고 카리스마 넘치는 회장님의 설득력과 혼신의 힘을 다하시는 마음에서 여과되어 나온 말씀은 불가능한 상황에서 사람을 움직이게 하십니다.

지역사회 어린이집연합회장, 다양한 임원활동, 대내외활동, 위원회활동, 자문활동 등은 물론 한국어린이집총연합회 7, 8대 회장(2008년-2012년)으로 일하실 때, 회원들과 정부와의 가교를 놓으실 때도, 임기 중 〈어린이집안전공제회〉를 설립하실 때도, 또 한국보육진흥원의 설립을 적극 지원 하실 때도 그러하셨습니다. 우리는 '모든 일은 사람이 하며 그때 그 사람이 그곳에 있었다'는 말을 합니다. 특히 어린이집안전공제회는 2009년 창립 초기에 여러 설립추진위원들이 고생하셨습니다. 당시 한국어린이집총연합회 회장이던 윤 회장님께서 설립의 중요성을 역설하고 발기인으로 적극 참여하며 초대 이사를 맡으셔서 큰 역할 해주신 덕택에 오늘의 어린이집안전공제회가 있음을 감사하게 생각하고 있습니다.

어린이집안전공제회는 이제 창립 15주년을 맞이하여 명실공히 영유아의 안전과 행복한 성장을 위한 안전전문기관으로 확고하게 자리 잡아가고 있습니다. 어린이집에서 발생하는 다양한 사고에 대한 분쟁조정과 적절하고 합리적이며 탄탄한 보상서비스를 제공하는 공제사업과 신뢰받는 안심보육환경 조성 및 안전사고 방지를 위한 예방사업에 정진하고 있습니다. 세계적 문호 톨스토이는 세상에서 제일 중요한 단어가 생명과 시간이라고 하였습니다. 이 두가지, 생명과 시간을 담보하는 것이 바로 '안전'입니다. 어린이집안전공제회는 앞으로도 신뢰, 안전, 공익의 가치를 향한 역량강화에 최선을 다할 것입니다.

회장님께서는 역사의 기록에도 깊은 관심을 가지시고 「보육 50년사」를 발간하셨습니다. 인간의 역사는 기록의 역사입니다. 그리스 아테네의 학문 발달과 찬란한 문화도 우리는 기록으로 알 수 있으며 문명과 문화를 계승해갑니다. 그런 의미에서 보육 50년 역사 정리의 의미는 아무리 강조해도 지나치지 않을 것입니다.

회장님께서 하신 많은 일 중, 특히 감사한 일 또 하나는 보육인의 사기진작과 응원을 위해 훈장과 포장 제도를 도입하기 위해 애쓰신 일입니다. 오늘날 보육유공자훈포장식이 정부의 중요 행사로 자리잡고 평생 애써오신 보육인들께 위로와 감사를 전하는 시간은 가슴 뭉클합니다. 수상하시는 분들뿐만 아니라 모든 보육인들이 함께 축하하고 응원하며 긍지와 자부심으로 더 나은 미래를 다지는 시간이야말로 귀하고 아름다운 일입니다. 수상의 순간만이 아니라 수십년 헌신해오신 분들의 보육에 대한 땀과 애정이 농축되어 투영되는 시간으로 자리잡게 되었습니다.

회장님은 오래전부터 〈해피아이국제보육봉사단〉을 설립하셔서 초대 단장으로 최근까지 캄보디아, 라오스 등 낙후된 지역에 어린이집을 지어주는 일을 하셨습니다. 극빈지역 보육환경을 개선하고 선진보육을 전파하시는 일을 시작하심으로써 교육시설이 전무하고 방치되어 건강한 성장을 위협받는 영유아들에게 진정한 아이사랑과 안전보육환경을 제공하는 일을 시작하셨습니다. '시작이 반'이라고 지구촌 곳곳에 보육을 심고 꽃을 피우고 계시니 벅찬 감동이 느껴집니다.

언젠가 기차에서 뵈었을 때 해피아이 봉사단의 역할을 명료하고 강렬하게 설명하시던 청년 같으신 모습을 생각합니다. 누구나 생각은 하지만 어려운 일을 실천하여 실행하고 계시는 모습에 많이 놀랐습니다. 내 지식과 경험을 타인과 나누고 국경을 넘어 보육을 전파하시니 최고의 봉사가 아닌가 싶습니다. 지금까지 10여개국 이상의 세계 여러 나라의 국제교육포럼에도 꾸준히 참가하시면서 끊임없이 세계적 동향에 대한 탐구와 관심을 놓지 않으시는 모습은 모두에게 귀감이 됩니다.

80여 평생 끊임없이 정진하며 열정적인 삶을 살아오신 회장님의 세월에 존경과 감사를 드립니다. 보육계의 큰 어른으로 계시는 존재감만으로도 후배들에게 힘이 됨을 기억하시고 건강하신 가운데 앞으로도 지혜와 경험을 나누어주시는 빛나는 삶이 되시기를 바랍니다. 저의 부족한 글이 회장님의 지난하고 선구적인 개척과 열정의 세월을 사신 보육인의 삶에 누가 되지 않기를 바랍니다. 감사합니다.

2024년
어린이집안전공제회
이사장 김 영 옥

축사

누가 보육을 아름답다 했던가!

누가 보육을 아름답다 했던가!
예, 있습니다
바로 그분 윤덕현 7대 회장님!!
그분은 보육인 모두에게 희망과 하면 된다는 미래의 꿈을 항상 상기시켜 주셨던 분이십니다.

4년 동안 넘을 수 없는 고난의 산을 슬그머니 구렁이 담넘듯이 넘어 새로운 보육을 실현하게 하셨고 안전공제, 보육교사처우개선 농·어촌지역의 어려움해결, 아이행복카드 발급 등 참 수 많은 일들을 소리없이 생색없이 해내신 분이셨습니다.

부회장 네 명이 모두 여자인지라 내 목소리 들어달라 아우성 칠 때도 친정아버지가 딸들 달래시듯 가만가만 한 사람씩 보듬어 안으시며 평화로 해결하시곤 하셨습니다.

어느 해 전국 임원연수 때 이런일이 있었습니다

저녁 강의를 듣고 내일 아침 토론회를 약속하며 신 바람들 이나서 모처럼만의 자유를 안고 끼리끼리 뭉쳐 그룹을 지어 둥지를 찾아 떠났고 이튿날 주최측인 부회장단은 강의실 정리에 바빴습니다.

다과를 챙겨 놓고 아홉시가 넘어 10시가 되도록 기다렸지만 아무도 올 생각을 안했습니다. 그때 빼꼼히 문이 열리면서 사무처장님이 들어오셨습니다. 언제나 불의를 보면 참을 수 없던 나는 잘난 척 목소릴 높였습니다.

"처장님. 뭐하시는 분이십니까? 지금 몇시인지 아세요? 이게 임원 연수 맞긴 맞는 겁니까? 내가 회장이라면 당장 해고에요!"

그 때 하신 처장님 대답이 명품이었습니다.
망설임 없이 당당하게 말씀하셨습니다
"해고시키신다구요. 분과장님이 회장이셨다면 저는 절대로 이곳에 근무하지 않았을 것입니다."
그때 껄껄 웃으시며 윤회장님이 제 손을 잡으셨지요.
"유 회장님!! 언제 우리가 늦잠 한 번 실컷 자봤습니까? 언제 한번 모여 실컷 웃어 봤능교! 맘껏 떠들고 스트레스 한 번 풀어본 적 없응께 우리 오늘 하루 휴가 내서 모두 함께 멋진

하루 즐기며 하루 푹 쉬면 어떨까 싶은데 유회장님 생각은 어떤교?"

  나는 고갤 끄덕였고 옆에 원장님들은 눈시울을 붉히며 물개 박수로 분위기가 뒤집혔습니다.

멋진 우리 윤 회장님!
세상에서 제일 괜찮은 구수한 황태국 같은 노신사!!
당신은 최고의 보육의 수장이셨습니다.
그 시절 그때가 자꾸만 그리워져서 어쩜 좋아요.
사랑합니다. 엄청 많이유!!
윤덕현 회장님 최고셨습니다.

전국법인분과
회장 유 장 희

+ 축사 +

행복과 성공의 지혜

"인간의 만남은 인연이요. 관계는 노력"이라는 말이 있습니다.
 저와 윤덕현 단장님과의 만남은 한국어린이집총 연합회 이사와 봉사단체 해피아이 회원으로 함께 하면서 인연이 되었습니다.
 하지만 더 중요한 것은 소중한 만남을 지금까지 유지하고 있는 것은 서로의 관심과 노력이라 봅니다.

 윤덕현 단장님을 처음 뵈었을 때 인자하신 모습이 어버지 같고 남을 먼저 배려하는 겸허한 인품과 늘 재치가 있는 분이셨습니다.
 항상 긍정적인 리더십으로 단체를 이끌어 주는 저력과 추진력을 보며 저 연세에 과연 가능한 일인가 의아해 한 적도 있습니다.

그러나 신앙으로 무장된 인격과 하나하나 헤쳐나가는 모습을 볼 때 나 역시 저분처럼 나이들고 싶다 하는 마음을 갖게 되었습니다.

  해피아이 봉사단체를 통해 동남아 저개발 국가에 어린이집을 짖고 보육사업을 위해 첫 삽을 뜨실 때 선뜻 앞장서 건립비용을 출연하는 모습이 모든 회원들을 감동하게 했습니다.
  그것이 씨앗이 되어 지금은 40여 개소에 어린이집이 건립되어 운영되고 있다는 사실에 놀라움을 금치 못하고 있습니다.
  이번에 단장님께서 살아온 열정을 회고록으로 발간하여 많은 사람들에게 귀담아 들을 만한 조언을 주시고 뭔가 우리도 할 수 있다는 희망과 용기를 주는 점에서 감사함과 축하를 드립니다.

  사람들에게 어떤 가치를 추구하며 살아가느냐고 물으면 많은 사람들이 행복과 성공이라고 대답합니다.
  행복해지기 위해 성공하고 싶고, 성공하면 행복해진다고 믿기 때문인가 봅니다.
  항상 소통과 수용의 자세로 지지해 주고 격려해 주시는 윤덕현 단장님의 열정과 땀이 담긴 이 회고록이 우리 보육인과 많은 사람들에게도 행복과 성공의 척도를 알게 되고 우리 사회가 밝고 따뜻함이 넘치는 계기가 되기를 진심으로 기원합니다.

2024년 4월
해피아이 부단장, 서울시 영아전담 연합회
회장 고 순 애

축사

출간을 진심으로 축하합니다

　사랑하고 존경하는 윤덕현 회장님의 출간을 진심으로 축하합니다.
　대한민국 보육의 미래를 위해 아낌없이 헌신과 사랑을 하셨던 윤덕현 회장님은 오로지 보육인이셨습니다. 이를 뒤 따르고 함께 해 온 모든 일들이 주마등처럼 떠오릅니다.
　지난 날 전남어린이집연합회에서 선친을 도와 일하시던 윤회장님을 처음 뵈었고, 그로부터 20여 년이 흘러 한국어린이집총연합회 회장을 맡으셨을 때 부족한 제가 직장분과위원장 직을 맡으면서 함께 일할 수 있었습니다. 당시 선친을 황망하게 여의고 정신적인 기둥을 잃은 혼란 속에 살아가던 저에게는 참으로 귀한 선물과 같은 만남의 시간들이였습니다.
　윤회장님은 전남어린이집연회 회장직을 맡으시면서 회원의 권익실현은 물론 행정당국과 보육현장과의 소통을 원칙으로 삼아 직을 성공적으로 수행하셨습니다.

이에 당시 보육계의 혼란의 수습을 위해 주변 보육인들이 한국어린이집총연합회 회장이라는 막중한 책무를 맡기시면서 보육의 획을 그어 놓으셨고 중대하고 굵직한 업적들을 남기셨습니다.
　아이사랑카드 도입시 정부와 보육현장의 가교역할로 큰 마찰 없이 정착 되었고, 보육현장의 안전사고로 인해 고통 받는 원장들의 어려움을 해결하고자 "어린이집안전공제이사회"를 만드는데 크게 기여하셨습니다. 또한 보육의 질적 향상을 증진시키고자 "한국보육진흥원"이 설립되도록 적극 협력하셨고, 보육인들이 엄두조차 내지 못하던, 국가 훈포장이 수여 될 수 있는 단초를 마련하셨습니다.
　그리고 대한민국보육역사를 집대성한『보육 50년사』발간!
　그것은 반세기 묵묵히 보육복지현장에서 헌신해 온 모든 보육인들에게 자랑스럽고 든든한 자기소개서가 생기는 순간이였습니다. 이렇듯 윤덕현 화장님은『보육 50년사』를 통하여 보육의 역사적 의미와 변화, 사회적 역할과 가치를 조명하며 보육 정체성을 확립함은 물론 더 나아가 보육인으로서의 자긍심을 한껏 고취시켜주셨습니다.
　당시 서울에서만 열리던 보육인 대회를 전국 모든 회원들의 권익을 위해 노력하는 단체가 한어총이라는 것을 알리기 위해 제주, 강원, 순천, 울산 등 지방을 순회하며 개최토록하여 보육조직의 전국화를 공고하게 하였습니다.

무엇보다 "해피아이국제보육봉사단"을 설립하고 아시아 개발도상국에 40여개 어린이집을 개원시켰고 "해피아이국제보육봉사단"주최로 국제포럼을 성황리에 열었던 때의 감회는 지금도 가슴 뭉클합니다.

 현장을 떠나 계시면서도 한국보육진흥원 이사직을 맡으시면서 보육인들에게 선한 영양력을 끊임없이 끼치시고, 각종 크고 작은 행사가 있을 때면 주옥같은 축사나 격려사로 보육인들에게 여전한 사랑을 보이고 계십니다. 이 훌륭한 일들을 선한 결정체로 엮으시어 책으로 펴내신다니 보육인의 한사람으로서 다시한번 가슴벅찬 보람과 박수를 보내며 축하를 드립니다.

 부디 항상 영육간에 강건하셔서 보육현장과 보육인 모두를 위해 이정표가 되어주시고 후배들의 길잡이가 되어주시기를 바랍니다.

2024년 4월
좋은나무어린이집
원장 이 명 숙

+ 축사 +

윤덕현 회장님의 회고록 출간을 축하드리며

'보육의 산 증인'
'보육계의 큰어른'
'국제보육봉사의 선구자'
이 모두는 윤덕현 원장님에게 붙은 수식어들입니다. 그러다 보니 윤원장님과 보육을 떼어서 생각하거나 말씀드린다는 것은 참으로 어려운 일입니다.

60년 가까이 이어져 온 보육의 역사는, 70~80년대 초창기 터를 내리고 틀을 잡아준 1세대 어린이집 원장님들의 노고와 헌신 위에 세워졌습니다. 많은 분들이 고인이 되셨습니다만 윤원장님은 여전히 꼿꼿한 모습으로 우리 곁에 남아 지금도 친구처럼 동행하고 계십니다. 일찍이 내 아버지의 젊은 동료 일꾼이었던 원장님. 당신이 30년여 년전 아버지의 후배 동료였던 것처럼 내가 원장님의 후배동료로 지낸 지도 벌써 20여

년의 세월이 흘렀습니다. 아버지께서 고인되신 뒤에 내어주신 원장님의 손길이 나에게 어떤 위로였는지 그 긴 세월동안 한번쯤은 티를 내어 말씀드리고 싶었습니다.

　보육이란 남의 자식을 돌보는 일입니다. 남의 자식을 내 자식처럼 돌본다는 것은 뼈를 깎는 인고의 시간이 요구됩니다. 간쓸개를 모두 꺼내어 흐르는 물에 씻어버리고 그 자리에 사랑을 채워야 해낼 수 있는 일입니다. 감정을 거세하지 않고서는 버티기 힘든 날도 있습니다. 그럼에도 많은 것들이 당연한 것이 되고 아주 사소한 실수도 용납되지 않는 서늘함을 안고 가야하는 일이 우리가 하고 있는 일의 고단함입니다. 그 고단함과 막막함에 가끔 동굴 속으로 숨고 싶을 때면 당신께 달려갔습니다.

　그때마다 어찌나 따뜻하시던지요. 당신의 말씀에는 충고의 피곤함이 없습니다. 지식보다는 농익은 경험과 삶에 대한 통찰을 따뜻한 음성에 담아 전해주셨습니다. 원장님의 말씀은 정말이지 늘 쉽고 편안했습니다.
　뵐 때마다 그 꾸밈없는 말씀 속에서 지혜를 얻고 기운을 얻으며 위로를 받았습니다. 복잡하던 마음이 걷히며 비로소 생각이 지혜를 얻고 뿌옇던 시야도 맑아져 똑바로 보게 되었습니다.

원장님은 일과 사람, 책임과 사랑, 사익과 공익, 갈등과 화합, 미움과 관용. 이 극단의 두 단어들로 분리되어 존재하지 않는 분입니다. 일이 곧 사람이었고, 당신의 책임은 만인을 향한 애정이었고, 한 사람의 이익이 공동의 선으로 귀결되어야 비로소 가치있다는 것을 보여주었으며 용서와 포용으로 조화를 이끌어내셨습니다. 그렇듯 어디에도 치우치지 않는 관용과 배려, 이타의 리더십으로 전국 4만 회원을 이끄는 한국어린이집총연합회의 수장이 되어 우리나라 보육발전에 일익을 담당해 주셨습니다. 나아가 해피아이국제보육봉사단을 이끌며 한국의 선진보육을 동남아시아에 전파하는 데 얼마나 큰 수고를 하셨는지 우리는 모두 기억하고 있습니다.

　세상살이가 쉽지 않습니다. 각박하기도 합니다. 누군가 시린 손을 따뜻하게 잡아주었으면 할 때 떠오르는 어른이 우리 곁에 계시다는 것은 참으로 다행한 일입니다.

　지난해 초 회고록을 집필한다는 말씀을 들었을 때 원장님은 이미, 지난 인생이란 것이 쓰고 또 써도 마르지 않는 샘물이 아님을 깨달으셨는지 모릅니다. 당신이 지금껏 살아낸 열정의 삶에 더하여, 남은 인생 여정 또한 촌각이라도 허비해서는 안된다는 다짐을 하신 것 같습니다.

그리하여 마침내 회고록이 출간되었습니다. 알찬 교과서 한권을 선물로 받은 듯 참으로 기쁘고 감사합니다. 이 회고록은 평생 후회하지 않는 삶을 살기 위하여 당신이 쏟았던 노력의 흔적이자 본인보다는 남을 위해 살았던 헌신과 봉사의 서사이며 선한 마음을 다독여 일깨우는 잠언이 될 것입니다.

그동안 수고 많으셨습니다.
언제나 감사하고 존경하오며, 윤덕현 원장님의 회고록 출간을 진심으로 축하드립니다.

푸른어린이집 원장
해피아이국제보육봉사단
후원회장 이 근 철

+ 축사 +

세상을 밝게 하는 회장님과 함께 한 시간!

  보육인들의 소중한 꿈을 위해 노력하시고 행복한 삶을 추구하며 긍정적인 생각을 가지고 상대방의 생각을 존중해 주시는 윤덕현 회장님!
  출간을 축하드리며 보육의 발전에 힘쓰신 윤덕현 회장님의 발자취의 한 페이지를 함께 할 수 있어 영광입니다.
  인생의 목적은 많은 사람을 이롭게 하는 일이라고 합니다. 저는 같은 보육인으로서 윤덕현 회장님을 만나 인생이라는 퍼즐의 한 조각을 함께 맞추며 꿈을 이루었다고 말할 수 있습니다.

  1991년 법인을 설립하여, 1992년 어린이집을 운영했을 당시 일부 국가 보조를 받는 소수의 아이들 사이에 복지의 사각지대에서 원비를 내지 못하고 졸업을 했던 아이가 3년이 지나 엄마 손을 잡고 왔습니다. 미납금이라고 주신 손을 잡고, 아이를 위해 사용하시라 말씀드리고, 되려 감사 인사를 드렸던 기억이 스칩니다. 그 때 저는 아이들을 위한 장학금 제도를 생각하며 저축을 시작해 나갔고, 그것은 꿈을 키워가는 저만의 행복한 보물상자였습니다. 지금 생각하면 이때 제 마음에 교육과 보육에 대한 봉사의 씨앗을 심었던 것 같습니다.

어린이집연합회 회장단 회의에서 윤덕현 회장님과의 인연이 시작되었습니다. 장로이시자, 고향의 선배님이셨던 윤덕현 회장님의 보육에 대한 큰 뜻은 공감이 되었고, 경험에서 비롯된 다양한 말씀은 세상이 밝아지고 따뜻해지는 느낌이었습니다. 그리고 해피아이봉사단을 추진하신다는 말씀을 하셔서 함께 하겠다고 말씀드리고 해피아이국제보육봉사단 모임에서 다양한 봉사활동에 대한 결과보고를 들으며 알게 된 활동들을 들으며 그동안 키워온 꿈을 실현해야겠다고 생각을 했습니다.

시간이 흐르고 보육 현장에서의 많은 노력으로 복지정책은 변화되었고 국내 많은 아이들이 무상교육을 받을 수 있게 되었습니다. 그리고 결심이 선 어느 날, 오랫동안 어려운 아이들을 위해 모았던 자금으로 해피아이국제보육봉사단에서 활동하고 싶다는 말씀을 드렸는데 인도네시아 텀브리지에 할 수 있는 곳이 있다고 해서 어린이집 명을 "광산 다솜어린이집"으로 하여 어린이집 건립을 추진하기로 하였습니다. 또한 그 뜻을 형제들과 함께 하기 위해 7남매가 뭉쳐 함께 준비를 했습니다. 개원식에 갈 준비를 하면서 저희 7남매는 함께 할 수 있도록 준비를 했는데 준비하는 동안 너무 행복하고 감사했습니다.

지역 주민들의 환영의 인사를 받았고, 그 지역 교회 재단의 모든 분들과 목사님이 함께하는 개원식 및 축하 예배를 마치고 개원식에 참석했는데, 마을 축제와 같은 느낌이었고 마을 사람들이 모두 축복을 해주는 자리였습니다. 무엇보다 처음으로 7남매가 한자리에 모여 뜻 깊은 일을 함께 하는 것과 어린 손녀인 해인이와 함께 한다는 것이 나에겐 큰 의미가 되었습니다.

점심을 먹고 인도네시아를 떠나 싱가폴로 와서 여행을 즐기고 집으로 왔는데 칠남매와 손주 그리고 함께 가신 윤회장님과 박준규 회장님, 최락기 국장님 함께한 시간들이 내 인생에 소중한 분들이십니다. 나의 꿈을 함께 할 수 있어서 감사하고 행복했다. 지금은 지역사회보장 협의체 위원장으로 지역사회에서 함께 행복하게 살고 있습니다.

해피아이국제보육봉사단
이사 백 연 순

+ 축사 +

자나 깨나 봉사단을 생각하시는 우리 회장님!

 어린이집 최초로 복지부에 등록된 〈해피아이국제보육봉사단〉의 초대 단장 윤덕현 회장님께서 회고록을 편찬하신다는 소식에 누구보다 기대가 크며 너무나 기뻤습니다.
 저는 〈해피아이국제보육봉사단〉 창립 멤버로서 회장님을 옆에서 지켜보아 왔습니다. 자나깨나 봉사단의 건승을 노심초사하시는 모습을 옆에서 지켜보면서 큰 도움을 드리지 못한 저의 부족함을 느끼곤 합니다.
 이 자리를 빌어 다시 한 번 회고록 편찬을 진심으로 축하의 말씀을 드립니다.
 사모님께서도 회장님을 믿어 주시고 응원해주시는 모습, 몸과 마음으로 함께해 주시는 모습에 늘 감동을 받으며 또한 본받고 있습니다. 늘 변함없는 한결같은 마음으로 함께해 주시는 모습을 지켜보면서 많이 배우고 있답니다. 그 덕분으로 저 또한 봉사단에 진심을 갖고 나아간 것 같습니다.

그동안 봉사단에서 있었던 일들이 주마등처럼 펼쳐집니다.
한번은 봉사단의 초창기 때 베트남 호치민 비행장에서 일어난 일입니다. 봉사단이 서로 인천공항에서 처음 뵌 분들도 많아서 새벽에 호치민 비행장에 도착, 버스로 숙소로 이동하는 과정에서 전혀 모르는 외국 사람이 우리 무리로 들어와 카트에 정말 잠깐 가방을 둔 걸 바바리 안으로 살짝 숨겨서 무리에서 빠져나가는 걸 보는 순간 원장들이 순발력을 발휘하여 가방을 되찾은 일이 있었습니다. 원장들의 달리기 실력도 볼 수 있었으며 모두가 한마음이 되어 초능력을 발휘한 순간이었습니다. 몇 초만 늦었어도 3박 5일 동안 10여 명이 같이 사용할 전체 비용을 잃어버릴 뻔했습니다. 그동안 원에서 견학을 가거나 행사를 할 때면 전체를 뒤에서 통솔했던 실력들이 순간적으로 나왔던 것 같습니다. 가방을 카트에 놓았던 게 잘못이었다지만 아주 잠깐 놓았다고 하는데 어찌 그리 돈 냄새를 잘 맡는지 혀를 내둘렀답니다. 돈을 잃어버리지 않아서 웃으며 이야기할 수 있는 귀한 추억이 되었지만 하마터면 봉사활동이 악몽이 될뻔하여 지금도 아찔한 경험이었습니다.

봉사활동은 누구나 마음만 먹으면 할 수 있습니다.
그러나 그 누구도 쉽게 할 수 있는 일은 아닌 것 같습니다.
저희들에게 남을 도울 수 있는 봉사의 의미를 되새겨보고 마음을 다하는 경험을 해주게 하신 우리 윤덕현 회장님! 남을 배려하고 늘 믿어주시고 함께한 세월이 너무나 행복했을 정도로 환한 미소를 짓게 합니다.

  자원봉사활동은 즐거운 마음으로 보람을 느끼면서 계속 행복을 느끼면서 지속족으로 하는 활동이 중요한 것 같습니다.
  저희는 봉사활동의 중요성과 가치를 널리 홍보하여 더 많은 원장들이 봉사활동에 참여하고자 하는 동기를 만들어야겠다는 막중한 책임감을 느끼고 있습니다.
  몇년 전 큰 수술로 몸이 많이 안 좋으시다는 소식에 얼마나 가슴이 철렁했는지 모릅니다. 첫째도 건강, 둘째도 건강인만큼 두 분 건강하셔서 봉사단을 위해서라도 오랫동안 저희와 함께 하셨으면 하는 소망이 있습니다.

  〈해피아이국제보육봉사단〉의 모든 일들을 하나님께서 주관하시고 함께해 주신 은혜라고 여기고 있습니다.
  사랑합니다.

예쁜어린이집 원장
해피아이국제보육봉사단
부단장 윤 미 숙

+ 축사 +

삶의 지경을 넓혀준 해피아이와 윤덕현 회장님!

　해피아이국제 보육봉사단 윤덕현 초대회장님을 지인 소개로 뵙게 되면서 "저개발국가 영유아를 위한 어린이집 지어주는 봉사단이라는 말씀을 듣고 적잖은 충격을 받았습니다.
　윤덕현 회장님께 저개발국가 영유아들에게 지구촌 사랑이음을 실천하는 어린이집을 지어주는 의미를 설명으로 들으며 작은 사랑을 모아 미래를 만들어가는 해피아이국제보육봉사단의 열정과 노력에 마음이 따뜻해짐을 느끼며 저 역시 후원자로 동참하게 되었습니다.
　작은 보탬으로 후원자로서 활동하며 해피아이국제보육봉사단이 이루고자 하는 미래를 향한 희망의 꿈을 함께 나누고자 지인들에게 소개하고 후원자로 추천하며 저는 해피아이국제보육봉사단의 활성화를 위해 무엇을 할 수 있을까 고민하던 중 윤덕현 회장님께서 칠순을 맞이하여 칠순 잔치를 준비하던 자식들에게 잔치비용을 현금으로 후원받아 저개발국가에 어린이집을 건립하셨다는 말씀을 듣게 되었습니다. "실천"이란 바로 이렇게 하는 것이구나! 하고 저절로 고개를 숙이며 존경을 표하게 되는 순간이었습니다.

 2019년 당시 경기도 가정어린이집 연합회 회장이었던 저는 이사회의 안건으로 해피아이국제보육봉사단의 저개발국가에 어린이 집짓기를 위한 행복키움동전모으기를 제안하게 되었으며 이미 실천된 사례들을 통해 저개발국가 영유아들을 위한 평등한 교육 기회 제공과 안전하고 건강한 성장지원으로 영유아들에게 미래를 향한 꿈을 키워가는 기회를 제공하는 매우 소중한 활동에 모두 공감하며 한마음으로 "행복키움동전모으기"에 동참하게 되었습니다.

 경기도가정어린이집연합회에서 시작된 "행복키움동전모으기" 모금 활동은 가정과 연계하여 영유아, 학부모, 보육 교직원들까지 소중한 마음들이 모여지기 시작하였습니다.

 하지만 저출산 시대와 유보통합이라는 사회적 변화에 따라 회원들의 소속이 변하기도 하고 가정어린이집이 아닌 다른 유형의 어린이집들과 개인으로까지 동참이 확대되면서 해피아이국제보육봉사단 경기도협의회 설립의견이 발의되고, 수렴되면서 자연스럽게 해피아이국제보육봉사단 경기도협의회를 창단하고 경기도가정어린이집연합회와 협업하여 5천만원이 넘는 동전이 모금되면서 미래를 향한 소중한 희망이 시작되었습니다.

해피아이국제보육봉사단 경기도협의회는 저개발국가인 라오스의 가장 열악한 지역인 우돔싸이에 첫 어린이집 건립을 추진하였으며 2020년 2월에 준공식을 예정하였으나 2020년 1월 전 세계에 닥친 코로나19 감염병으로 인해 준공식은 잠정 연기하게 되었습니다.

준공식은 연기되었지만 해피아이우돔싸이경가연어린이집은 신축을 마치고 지역 내 많은 영유아가 입소하였으며 안전한 환경에서 보호와 교육을 지원받게 되었습니다.

2023년 1월 코로나19 감염병이 해제되면서 미루어졌던 준공식을 개최하게 되어 해피아이국제보육봉사단 임동진단장님과 함께 경기도협의회 30여명의 원장님들이 경기도 전역 가정어린이집 원장님들과 학부모님들이 모아주신 우돔싸이경가연어린이집 영유아들과 보육교직원들을 위한 가방, 옷, 놀잇감, 학용품, 화장품 등 다양한 선물을 가지고 준공식에 참영하여 서로의 따뜻한 마음을 나누고 교류하며 감동의 시간을 갖게 되었습니다.

또한 해피아이우돔싸이경가연어린이집을 운영하시는 교장선생님과 지속적인 교류를 통해 우돔싸이 영유아들의 건강한 성장발달 지원방안과 보육교직원들의 전문성 향상을 위한 다양한 지원방안 모색을 위한 간담회도 진행하며 매우 뜻

깊은 시간을 공유하기도 했습니다. 준공식에 참여한 30여명의 어린이집 원장님들은 영유아를 위한 시설이 전무했던 우돔싸이 지역에 작은 정성으로 시작했던 "행복키움동전모으기"가 이루어낸 값진 성과와 안전하고 쾌적한 환경에서 보육 지원을 받고있는 영유아들을 보면서 뿌듯한 보람으로 가슴 벅차기도 했습니다. 하지만 텅 빈 보육실을 보며 여전히 채워지지 못하고 있는 부족함이 존재하고 있는 열악함에 안타까운 마음을 갖고 돌아오게 되었습니다.

  코로나19 감염병으로 멈춰있던 해피아이국제보육봉사단 경기도협의회는 2024년 재정비하며 발대식을 시작으로 활발한 활동으로 재개하고 저개발국가에 제2호 어린이집 건축을 위해 "2024년 행복키움동전모으기를 계획하게 되었습니다. 때 마침 2019년 라오스에 건립한 제1호 우돔싸이경가연어린이집에서 당시 어린이집을 매우 크게 건축하였음에도 불구하고 너무나 많은 영유아가 대기하고 있으며 교실이 턱없이 부족하여 보육 지원에 어려움을 겪고 있다는 소식을 전해왔습니다.

  해피아이국제보육봉사단 경기도협의회는 2023년 준공식 간담회에서 나누었던 교장 선생님의 지속적인 연계와 협력을 요청하셨던 것과 영유아들의 교육과정 지원을 위한 다양한 교재교구와 놀이매체 등이 절실히 필요한 현장 상황을 고려하여 "2024년 행복키움동전모으기"를 통해 제2호 어린이집 건축을 라오스 우돔싸이경가연어린이집 별관신축으로 결정하고 영유아 보육과정에 필요한 교구교재와 교직원연수 등 다양한 지원방안을 모색하게 되었습니다.

 우리나라의 보육현장은 현재 저출산으로 인한 영유아 감소로 매우 어려운 상황에 직면하고 있습니다. 하지만 저개발국가의 미래를 꿈꾸고, 꿈을 키워나갈 영유아들을 위한 희망 나눔은 해피아이국제보육봉사단 윤덕현 초대회장님께서 "돈이 많다고 누군가를 돕는 것이 아니라 나누고자 하는 마음만 있으면 충분히 할 수 있다!"라고 하신 말씀처럼 "할 수 있다는 긍정적인 마음과 나눔을 통해 내가 채워지는 보람"이라는 행복을 다시금 되새기게 하며 결코 멈출 수 없는 의미가 되고 있습니다.

 이제 막 나눔의 첫걸음을 시작한 해피아이국제보육봉사단 경기도협의회와 경기도가정어린이집 연합회는 지난 20여 년 동안 묵묵히 지구촌 영유아들의 행복한 꿈을 위해 본인의 쌈짓돈을 털어 저개발국가에 어린이집을 지어오신 윤덕현 초대회장님과 임동진 단장님의 나눔에 대한 깊은 사랑과 의미를 곱씹어보며 지금까지 지켜오신 봉사와 헌신의 마음을 한 걸음 한 걸음 배워가며 지켜나가고자 노력할 것입니다.

 '전 세계적으로 소외된 아동들에게 돌봄과 교육의 기회를 제공하고자는 목적과 아동의 인권 보호와 발전을 위한 국제적 연대 구축, 다국가 간 문화교류와 이해 증진을 통한 국제사회 공헌' 해피아이국제보육봉사단 창단 취지에 맞게 앞으로도 해피아이국제보육봉사단 중앙과 각 지부와도 연대하여 해외어린이집 건립뿐만 아니라 우리나라의 다문화, 외국인 아동에 대해서 도움의 손길이 필요한 곳에 작은 촛불이 되고자 합니다.

해피아이국제보육봉사단 경기도지부장
강원미

+ 축사 +

성경 말씀을 떠올리게 하는 장로님의 자서전 발간을 축하합니다

"네 시작은 미약하였으나 네 나중은 심히 창대하리라"
 하나님 말씀이 팔십 평생 오직 믿음의 여정길 오늘이 있기까지 귀한 자사전을 통해 하나님께서 찾으신 그 한 사람 장로님이심을 축하드리며 하나님께 영광 올려 드립니다.

 하나님의 뜻이 있어 45년 전에 지금의 대덕읍교회를 개척하시고 1년 후 교회 부지에 대덕유아원을 설립하여 유아교육 선봉에 서서 현재의 [사회복지법인 대덕어린이집]을 운영해 오신 바, 교회 개척과 어린이집을 설립하고 운영하는 과정에서 많은 어려움과 고난의 벽에 부딪힐 때마다 오직 하나님만 부르고 찾으셨기에 오늘의 삶 속에서 꿈같은 이들이 꿈같이 꾸어지고 꿈같이 이루어졌음이라. 하나님께서 만들어 주신 이 길에 인생 역전의 한 편의 명작 드라마 주인공으로 우뚝 세워 주셨습니다.

  모든 사람에게 존경받고 잔잔한 영향력을 끼친 장로님이시기에 하나님 나라를 위하여 위대하게 쓰임 받는 특별한 자서전의 선물이기에 아무나 그 누구도 쉽게 살아낼 수 없었고 글로도 표현할 수 없지만 하나님께서만은 기쁨을 감추지 못하셨을 줄 믿습니다.

  어두웠던 시대 일찍이 보육에 눈을 뜨셨고 어린이집을 설립하여 뜨거운 열정과 섬김의 본을 실천함은 하나님께서 장로님께 주신 특별한 달란트요 하나님께서 장로님에게 주신 꿈과 비전이 아름답고 풍성하게 열매 맺었기에 복음의 횃불되어 영원히 비춰질 줄 기대합니다.

  장로님의 지나온 삶을 한 마디로 표현한다면 하나님께서 더 이상 잘 할 수 없고 어른 아이 할 것 없이 더 이상 잘할 수 없는 분입니다. 어려운 성도들을 돌보고 어려운 이웃에게 주님의 참사랑을 몸소 실천하셨기에 하나님께서는 큰 상금을 주셔서 오늘날 큰 축복받은 모델로 우뚝 세워 주셨습니다.

  장로님의 지나온 모든 삶 속에 하나님께서 함께 하셔서 임하시고 역사하셨기에 이 자서전을 읽으신 모든 분들이 하나님이 살아계심을 믿고, 알고, 입술로 시연하는 놀라운 일들이 나타나서 복음의 씨앗으로 복음의 빛으로 영원히 비추어 질 것입니다. 평범한 장로님의 인생길에서 아주 특별한 역전의 인생길로 유턴시켜 주셨고 고난과 역경의 긴 터널을 지나게 하셨기에 사명자의 부르심에 온전히 쓰임 받는 장로님 너무 값진 보배입니다.

 저는 시골 고등학교 다닐 적에 친하게 지냈던 좋은 친구들의 권유로 교회에 다녔지만 결혼 후엔 포기할 수밖에 없는 사정은 대대로 내려온 불교 집안 6대 장손 며느리가 신앙 생활을 꿈꾸기엔 상상이었고 사치였다 생각했지만 그러던 중에도 믿음의 끈을 놓지 않고 기도하며 지내오던 중 윤 장로님께서 집에 찾아 주셔서 조부모님을 모시고 함께 생활한 터라 어른들을 설득하여 결국 교회에 나가게 되어 그 당시 얼마나 기뻤는지 모릅니다. 그리고 장로님께 너무 감사한 마음 지금도 변함없습니다. 교회 다닌 시점부터 기다렸다는 듯이 고난의 길은 열렸고 헤쳐 나가기에도 너무 힘들고 어려움이 많았지만 하나님의 언약의 말씀 믿고 오직 하나님 의지하며 살아가기에 예수 이름으로 넉넉히 이겨냈고 예수 이름으로 승리하게 하신 하나님께 더욱 감사할 일은 죽음의 문턱에서 구원해 주셨기에 덤으로 살고 있는 나의 인생을 하나님 나라를 위하여 최선을 다하는 일은 복음을 위하여 오늘도 기도하는 삶이 하나님 자녀된 행복한 자요, 하나님 자녀된 특권으로 누리는 삶은 세상에서 그 무엇과도 바꿀 수 없는 가장 큰 행복입니다. 오직 하나님의 영광을 위하여 살아가는 것은 당연히 하나님의 사랑받는 자녀답게 사는 길입니다.

　장로님과 함께 40여 년을 예배드렸고 때론 함께 울고 함께 웃었던 지난 날은 인품이 훌륭하신 믿음의 선배로서 존경하는 장로님. 오늘도 이렇게 큰 선물을 남겨 주셔서 감사합니다. 장로님을 본받아 후배 장로로써 복음의 획이 그어지는 전도자의 사명을 잘 감당하여 아름다운 이름으로 남겨지는 여장로가 되기를 소원합니다.
　다시 한 번 의욕과 의지의 자서전! 감격의 자서전! 발간을 축하드리며 장로님의 뒷바라지 하시느라 너무나 많이 수고해오신 이인자 권사님과 더 건강하시고 오래오래 행복하시기를 기원합니다.

대덕읍교회 박희정 장로

+ 축사 +

덕인의 삶을 실천하는
윤덕현 회장님!

　존경하는 윤덕현 회장님의 자전적 에세이 출간을 진심으로 축하합니다.
　서자여사부 불사주야(逝者如斯夫 不舍晝夜)란 "가는 것이 저 흐르는 물과 같구나. 밤낮을 쉬지 않으니 인생은 저 흐르는 물처럼 그치지 않고 어찌 이토록 빠르게 흘러가 버리는 것일까!"하고 공자는 시냇가에 서서 흐르는 물에서 시간을 보며 읊은 한 마디입니다.

　윤덕현의 덕인(德仁)이라는 아호(雅號)야말로 그의 인생을 가장 잘 표현하고 있다는 것이 솔직하고 개인적인 생각입니다. 덕인(德仁)이란 마음이 바르고 인도(人道)에 합당한 일과 도덕 이상 혹은 법칙에 좇아 확실히 의지를 결정할 수 있는 인격적 능력과 윤리적인 모든 덕(德)의 기초로 남에게 베풀고 용서하는 참 덕인(德仁)입니다.

덕인(德仁)의 본관은 해남(海南)이며 1942년 해남군 옥천면 팔산리 298번지에서 부친 윤재남(尹在南)과 모친 함양(咸陽) 박표임의 사이에서 8남매 중 3남의 아들로 태어났습니다. 덕인(德仁)은 태교(胎敎) 때부터 오늘에 이르기까지 하나님 복음 전도에 성실하며 새벽기도, 수요예배, 주일예배 등 팔십 평생을 한 번도 거르지 않고 진실한 하나님 아버지 자녀로 하나님 은혜를 받고 그 유익을 누리는 원로 장로입니다.

우리는 만남과 인연의 동물입니다. 산다는 것은 삶의 연속입니다. 1982년 장흥군 대덕읍 어린이집 원장 재직시 저와의 좋은 인연으로 만나 서로 보이지 않는 마음의 끈을 누가 먼저 끊어버리지 않고 오늘날 삶의 한울타리 안에서 마주하는 귀중한 친구입니다.

경험론의 창시자 베이컨은 이런 말을 했습니다.
"친구가 없는 사람은 인생을 하직하는 게 좋다."
너무 극단적인 말이긴 하지만 우리가 살아가는 데 있어 친구란 얼마나 중요한 존재인지 일깨워주는 말입니다. 사실 제가 생각할 대도 남자든 여자든 진정한 친구를 갖지 못하는 사람은 이 세상에서 가장 비참한 사람일 것 같습니다. 서로의 건강과 삶에 긍정적인 지기지우(知己之友)입니다.

세상에 살아있는 것은 모두 발자국을 남깁니다.

국가에는 국사가 있고 종중에는 족보가 있으며 개인에게는 전(傳)이 있습니다. 천하만물(天下萬物)이 자기의 종족보전을 위해 힘쓰지만 개인은 이외의 책자와 업적을 남깁니다. 자신의 족적을 남기는 선사(善士)가 바로 윤덕현입니다.

지난 2008년 한국어린이집총연합회 제9대 윤덕현 회장 재직시 한국영유아보육50년사의 소중한 자료를 담아 남기고자 50년사를 발간하였습니다. 당시 임원들과 덕인(德仁)의 기여가 컸습니다.

아무쪼록 그동안 살아오면서 체험하고 느낀 바와 하고 싶은 말들을 덕인자상(德仁自像)으로 엮어서 세상에 내놓게 된 것을 뜻깊은 일로 거듭 축하하면서 덕인(德仁)의 앞날에 건강과 행복이 충만하시기를 충심으로 기원합니다.

감사합니다.

장강신문 논설위원장
최일중

축사

해피아이국제보육봉사단 = 사랑

"나눔" 베풀고 나눌수록 내가 가진 것이 늘어난다. 이 세상은 나로 인해 더 나은 곳이 되고 있다. 나눔이라는 단어만 들어도 행복해지며, 가진게 많아서도 적어서도 아닌, 꼭 가진 것을 나누어야 하는 것도 아닌, 마음으로라도 나눌 수 있는 마음가짐 그게 진정 나눔이 아닐까, 생각해 본다.

교사 시절에도, 원장을 하면서도 아이들을 향한 애정은 늘 한결같았고, 그중 어려움이 많은 아이들을 도우려 애썼던 기억이 있다. 혼자 하기 힘든 나눔은 여럿이 함께할 때 더 빛이 나는 상황들이 많았다.

2014년부터 해피아이국제봉사단을 도와 취약한 동남아 어린이들을 위한 보육시설 건립에 동참하고 매년 10월 광주광역시가정어린이집 보육교직원 체육대회를 통해 사랑의 동전 모으기 행사를 진행하기도 하였다.

2017년 인도네시아 반둥에 광가연-망꾸부미어린이집 건립을 시작으로 2018년 7월 6일 해피아이 국제봉사단 동남아어린이집 짓기 제20호 인도네시아 반둥지역 광가연-망꾸부미어린이집 준공식을 위해 20여명의 원장님들과 함께 7월 5일 새벽 2시경쯤 광주를 출발했다.

　오전 10시 인천공항에서 기대반 설레는 마음을 안고 비행기에 올랐을 때가 생생하다. 7시간 비행이라는 긴시간을 걸쳐 자카르타에 도착하여 다음날에 준공식을 위해 3시간정도 울퉁불퉁한 비포장도로와 도로를 지나 숙소에 도착하여 짐을 풀고 첫날을 보냈다.

　7월 6일 타지여서 그런지 아침 일찍 눈이 떠졌다. 아침을 간단히 먹고 행사장소로 3시간 버스를 타고 이동하였다.

　반둥지역 시내에서 조금 떨어진 빈민촌 지역은 한국에서는 볼 수 없는 풍경이 눈앞에 펼쳐졌다. 어린이집은 물론 학교시설 또한 전무한 곳으로 대부분의 아동들이 방치되고 있다는 이야기에 마음이 애잔했다.

　반둥지역 담당자를 통해 망꾸부미어린이집이 설립되어질 위치, 면적, 구조 등을 설명 들으면서 준공식 행사장소로 이동하였다. 행사장소에는 우리들을 환영해 주기 위해 아이들과 교사외 관계자분들과 마을 주민들이 나와 계셨다. 뜻밖에 큰 환영에 마음이 무척 기뻤다. 현판제막식 및 시설 견학 등을 하며 준공식을 시작하였으며 어린이집이 건립되면 아이들에게 제일 먼저 꼭 필요할 원복, 특별교구, 신발, 칫솔 등을 8개의 여행용 가방에 가득 담아온 물품들을 전달하기도 하였다.

준공행사 모습을 지켜보던 아이들의 눈망울이 아직도 생생하게 기억되리만큼 초롱초롱하고, 해맑은 모습이었다. 지구 반대편에서 피부색이 다른 사람들을 환영해 주고자 아이들의 축하공연은 준공식의 격을 높였다고 할까? 풍성해진 느낌이었다.

'한 명의 아이를 키우기 위해서는 온 마을이 필요하다'라는 아프리카속담처럼 한 명의 아이를 잘 키우기 위해선 가족과 친구, 더 나아가 주변 이웃들의 도움이 있어야 아이가 잘 자라날 수 있다는 것을 의미하듯 이날 행사는 마을 전체의 행사이기도 하며 광주광역시가정어린이집연합회의 큰 기쁨이며 나에게는 크나큰 보람이도 하였다.

아동은 태어남과 동시에 누구나 차별받지 않고 안전하고 건강하게 보호받아야 하며 교육을 받아야 할 의무를 가지고 태어남에도 불구하고 그런 기본권리 마저도 누릴 수 없는 아이들이 이 지구상에 많음을 참으로 안타깝게 생각한다. 반둥에서 만큼은 우리 아이들이 사랑으로 잘 보육 되었으면 좋겠다는 마음이다.

이날의 준공식은 대한민국 광주광역시가정어린이집연합회(광가연)와 망꾸부미어린이집 간의 끝이 아닌 새로운 시작점이 되어 많은 교류가 계속 되어지면 좋겠다는 생각이 들었다.

준공식을 끝내고 현지에서 준비해준 다과와 도시락을 감사히 받아 조금은 낯설고 생소한 맛이 었지만 힘들게 준비해준 분들을 생각하며 먹었다.

모든일정을 끝내고 버스에 올라 한국에서 내가 생각한 반둥지역과 직접 주민들과 함께하고 그 실사를 보고나니 새삼 내가 얼마나 많은 것을 누리고 있음에도 그것을 깨닫지 못하고 살고 있는지 알게 되었다.
　집으로 오는 비행기 안에서 이제는 모든 상황 가운데 감사하며 최선을 다하는 삶을 살아가야겠다고 다짐을 하게 되었다.
　정말 어려운 상황에 처해있지만 항상 웃음을 잃지 않았고 우리들을 반겨주던 아이들의 해맑은 모습들을 평생 잊지 못할 것이다.
　나에게 이런 좋은 기회가 주워진 것에 대해 항상 감사하는 마음으로 살아가겠다.

　2024년 최근 '나눌수록 커지는 이로움'을 알리고자 아이들, 학부모님들과 주민과 함께하는 사랑나눔 바자회 공유장터를 계획하고 성대하게 마무리하였다.
　바자회로 마련된 기금을 해피아이국제보육봉사단에 후원하여 아시아지역 어느 나라든 보육이 필요한 곳에 어린이집을 건립하고 후원하는 목적으로 바자회 수익금을 기부하겠다는 안내 및 홍보로 인해 원의 많은 학부모님들과 주변 주민들의 참여도가 남달랐다.

"멀리 가지 않고 집 앞에서 아이들과 함께 사랑나눔 바자회행사를 할 수 있어 좋아요", "다 같이 함께 행사하니까 좋다", "코로나 이후 아파트 축제가 열린 것 같아 너무 좋다"라는 다양한 의견을 말씀해 주시며 모두가 따뜻해지는 사랑나눔 바자회는 서로를 배려하면서 소중한 추억을 남기는 행사로 기억될 것이다. 사랑나눔 바자회에서 얻은 수익금은 운영위원회 위원님들과 함께 해피아이보육봉사단에 직접 전달하였다.

해피아이국제보육봉사단 감사 최현옥

마치며

누군가의 나침반이 되기를

　지금 와서 돌이켜 보면 철공소 운영을 끝으로 내 인생에는 멘토라 부를 사람이 없었다. 여러 사업에 도전하고 실패를 겪을 때마다 생각했다. '나를 이끌어줄 멘토가 있었다면 어땠을까?' 이 질문은 사업뿐 아니라 어린이집 운영에서도 마찬가지였다. 선배라 부를 만한 누군가가 있었다면 시작도 이후 감당해야 할 과정도 조금은 수월하지 않았을까. 아무런 준비 없이 현장에 뛰어들어야만 했고 그렇게 온갖 시행착오를 겪으며 현장에서 하나씩 부딪치며 배운 것들이 지금의 나를 만들어주었다.

　그렇게 나는 닥쳐오는 상황에 맞춰 몸을 맡기고 흘러온 것 같다. 비슷한 선택을 한 인생 선배가 곁에 있었다면 같은 길을 걷는 멘토가 있었다면 조금은 다른 모습이 아니었을까. 힘들 때마다 그런 존재가 없는 것이 아쉬웠고 그 빈자리가 참으로 크게 느껴졌다. 삶을 살아가며 벽에 부딪칠 때마다 지침서처럼 참고할 누군가가 있었다면 선택이 조금 더 쉬웠을지도 모른다는 생각에 외롭고 쓸쓸했던 시기도 많았다.

그러나 시간이 지나면서 모든 것이 부정적인 측면만 가지고 있는 것은 아니라는 깨달음에 이르렀다. 그토록 원했던 멘토가 없었다는 사실이 지금의 나를 있게 한 요소가 되었다. 남의 경험으로 지식을 얻기 전에 온전히 나만의 경험을 하나씩 쌓아 왔기에 지금 내가 배운 모든 것은 온전히 내 것으로 남아 있다. 그것들은 시간이 흘러가며 오히려 나를 단단하게 만들어 주었다. 인생에는 절대적으로 좋은 것도 나쁜 것도 없다는 것! 그게 지금까지 살아오면서 뼈저리게 느낀 진실 중 하나다.

내 삶의 여정에서 멘토는 없었지만 내가 누군가의 멘토는 될 수 있지 않을까 하는 생각을 가끔 하곤 한다. 대단한 가르침을 주는 그런 사람이 되고자 하는 것은 아니다. 그저 과거의 내가 느꼈던 막연함과 불안함을 내 후배들은 조금이라도 덜 느낄 수 있게 곁에서 소소한 조언이나 해 주는 이가 되었으면 좋겠다는 바람을 가지고 있다. 더불어 나와 비슷한 분야에서 인생을 써내려가는 이에게 올바른 방향 정도는 알려 줄 수 있는 이가 되었으면 한다. 내 경험과 실수들이 길을 찾는 이에게 작지만 의미 있는 도움이 된다면 내가 지나온 여정 또한 나름의 의미를 갖지 않겠는가.

 그래서 이 책을 썼다. 멘토가 없어 고군분투하며 살아왔던 나의 삶, 부족함 속에서 얻게 된 소중한 깨달음, 그리고 그 속에 숨겨진 인생의 묘미를 전하고 싶다. 수많은 인생의 갈림길에서 흔들리는 누군가에게 이런 인생이 있고 이렇게 흘러갔으며 그 결과 큰 의미를 찾았으니 그저 믿고 나아가라고 말해주고 싶다. 방향을 알려줄 작은 불빛이 되기를 바라는 마음으로 내 이야기를 이 책에 담았다.

윤덕현, 보육이 낳은 기적

2024년 12월 15일 인쇄
2024년 12월 20일 발행

지은이 윤덕현

펴낸이 정찬애 디자인 박지원
펴낸곳 도서출판 에코미디어
등록 1994년 6월 10일 제 05-01-0155호
주소 광주시 동구 양림로119번길 21-1(학동)
전화 (062)224-5319   E-mail jcapoet@hanmail.net

ISBN 978-89-97482-74-0 03810

값 20,000원

*잘못된 책은 구입하신 서점에서 바꾸어 드립니다.

이 도서의 국립중앙도서관 출판예정도서목록(CIP)은
서지정보유통지원시스템 홈페이지(http://seoji.nl.go.kr)와
국가자료종합목록 구축시스템(http://kolis-net.nl.go.kr)에서
이용하실 수 있습니다.

공급처 ■ 한국출판협동조합
경기도 파주시 적성면 적성산단3로 10 (적성일반산업단지 내)
주문전화 (02)716-5616, 070-7119-1740